西田幾多郎——生きることと哲学

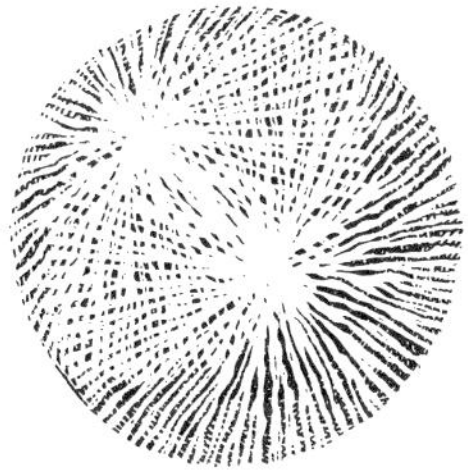

西田幾多郎
生與哲學

Fujita Masakatsu
藤田正勝

林永強 譯

目次

中文版序

關於《西田幾多郎：生與哲學》

本書旨在寫給廣泛的讀者，包括初學者以至專門研究哲學的學者。筆者致力以深入淺出的方式，闡釋西田幾多郎的哲學特質和魅力。

當我們思考甚麼是西田幾多郎哲學的魅力時，第一點可以指出的是，西田是一名「自我思考」的人。直至西田的處女作《善之研究》於一九一一年出版，日本的哲學皆是融攝西方哲學。可是，西田幾多郎並不止於理解和介紹西方哲學，而是在考究西方哲學的同時，力求創造獨自的思想。

西田的最大魅力就是其「思考的徹底性和根源性」。西田的哲學清楚表現出一個以西方哲學作為前提或一個呈現出我們觀看事物和思考時的框架，藉此突破和追尋事物的根源。

西田的另一特質是「思考的具體性」。為求徹底突破我們思考或先入為主的框架，西田嘗試迫近框架被建立以前的「事物本身」，即事物的具體形相。「純粹經驗」、「場所」等西田哲學的中心概念，就是透過迫近事物的具體形相而產生。

針對「思考的具體性」，西田指出這是出自哲學與「生」的一種不能切割的關係。對西田而言，哲學不單是旨於知識，更是一種「生」的哲學。西田哲學雖然很難理解，但至今仍有眾多讀者，原因亦在於此。

眾所周知，西田的文章並不容易梳理，就如西田本身所言的「未踏的荒野」——在一個未曾整理好的地方要表達和建立自己的思想。西田曾以「匹夫」一詞來比喻自己只是在發掘礦石，而無暇予之精煉。本書就是嘗試給予初學者一些深入淺出的解讀。

另外，在日本哲學的歷史上，西田為何至今仍然可以留下獨創的哲學呢？這不能不牽涉到西田哲學中的東方思想傳統。西田之所以能突顯作為西方哲學前提的思想框架，原因就在於他具有東方思想的基礎。在這個基礎上，或更正確地說，西田在「東西方的夾縫」中，一方面相對化和發掘西方哲學的問題，另方面卻從外面眺望東方思想。換句話說，西田在對抗西方哲學的同時，建立了一種獨自的思想。不但如此，西田更批評東方思想欠缺理論，並在晚年提出建立「東方理論」的必要性。

西田哲學的現代意義並不在於一種對自我思考的固定化，反之是流動的。我們從他者開放自我，解構當中隱含的前提，繼而在新的領域上思考，並以嶄新的方式把握問題。本書欲強調的，就是西田哲學豐富了哲學的內涵。

序章

生與哲學

西田幾多郎，攝於昭和十八年（一九四三）二月。

《善之研究》與時代意識

西田幾多郎的《善之研究》，雖然是在明治至大正時代轉變中的一九一一年（明治四十四年）出版，但至今仍有眾多讀者。其出版數量，與夏日漱石的《少爺》和《心》極其接近（岩波文庫版）。西田的文章雖然並不容易理解，但為何仍然受到眾多讀者愛戴呢？

從明治末年至大正初期這個時代來看，我們或許可以從倉田百三的文章找到當中的答案。

倉田百三以親鸞及其弟子唯円作主角的戲曲《出家及其弟子》（一九一七年）和評論集《愛與認識的出發》（一九二一年）一躍文壇。對當時的年輕人而言，倉田是一名具有極大影響力的作家。在成名之前，他曾深深傾倒西田幾多郎，並寫了一篇收錄於其著作《愛與認識的出發》的文章，表示讀畢《善之研究》後非常感動。透過這篇文章，西田一書因而被廣泛認識。

> 我是在無心之下開始閱讀其序。不久，我的瞳孔被它的文字釘著了。看！「並非先有個人而後有經驗，而是先有經驗而後有個人。從根本來看，與個人的差別相比，

經驗能夠脫離獨我論。」這豈不是一種非常鮮明的表述嗎？它能成功脫離獨我論?!

單是以上數個字已經如火一樣照射到我的視網膜。我想〔我的〕心跳是停了吧。……我將書闔上而凝坐於桌前。眼淚獨個兒流到面頰。……此書使我的內心翻滾。[1]

獨我論是指只有自己本身是實在，其他如眼前的桌子、在桌上放置的書和筆記亦只不過是自我的意識內容。這種思考不單對於西田和倉田是一種煩悶，對當時的時代亦然。開國以後，西方的政治制度、社會制度、學問和技術傳入日本。人民的生活雖然因此起了極大的變化，但急速的「近代化」卻缺乏了相應的主體。正如清沢滿之所主張的「精神主義」、蓮沼門三、新渡戸稲造等提倡的「修養」，從明治中期至明治後期，日本人的意識明顯走向個人內部，獨我論正好填補了這個空間。

筆者認為，一種由未被確立的「個」而產生的焦躁及其背後的獨我論，豈不是反映出倉田的那份感動嗎？

「甚麼是哲學」

《善之研究》被廣泛閱讀，不單是由於它與時代煩悶的連繫方式，更加關乎到西田對哲學的理解。

在西田等身的著作中，我們不時發現談及何謂哲學的文章。西田在思考「自己」、「經驗」等問題時，「如何問」、「為何問」等本身亦是他所關心的。

針對何謂「哲學」，西田的答案表示出一種對哲學的固有態度。

在《善之研究》的執筆過程中，西田寫了一篇其後收錄於《西田幾多郎全集》的〈有關純粹經驗的斷章〉文章。西田在文中表示：「人為求生存而需要哲學。」（十：二八七）[2]在一九三〇年出版的《一般者的自覺體系》一書中，我們則可以看到：「我〔西田〕認為哲學是一種內在生命的知的自覺。」

後期西田的關注雖然轉向「世界」，但有關生的問題仍然以下列的方式出現：「我們在哪裡出生、工作和死亡的歷史現實世界究竟是甚麼呢？它具有哪種構造？」（十一：一七三）直接連繫我們生命的「世界」，其「理論構造」是怎樣的呢？對西田而言，世界並不是從外面而被看見和觀察的，而是我們在當中活動。在這個意義上，我們是被這個世界「融攝」。

真正旨求於生

西田在晚年寫了一篇題為〈關於知識的客觀性〉的文章，文中表示：「哲學是始於我們自己的真生。我們具有自我的自覺和生存的方式。」（九：四六一）

西田認為哲學並非只是為了知識，而是密切連繫著自我的生存。西田一貫的看法是：「真生」如何可能？這個問題正是哲學的起點，不斷探索這個問題才是哲學。

在一九〇二年（明治三十五年），西田於金澤第四高等學校教授倫理學時，寫了一封信給於一八九七年渡美，擔任出版社雜誌編輯等工作的友人鈴木大拙。信中寫道：「現今西方倫理學全是知識的研究。議論雖然精密，但對人心的深處 soul-experience（魂的經驗）卻絲毫沒有著墨。西方倫理學的議論完全忘卻了自己面前的事。它雖然對麵包和水的成分有所分析和說明，但卻未曾嘗到麵包和水的滋味。」

從這個比喻來看，西田確信倫理學或哲學並非是分析麵包和水的成分，而是自己確認當中的味道，從而追求比其味道更好的學問。

作為哲學動機的「悲哀」

「真生」如何可能呢？這個問題與西田本身所經歷的悲痛擁有密切關係。（詳見本書第一章）

> 哲學是始於我們自我的一種自我矛盾的事實。哲學的動機並非是「驚訝」，而是深邃人生的悲哀。（五：九二）

從西田實際生活中反覆經歷的悲痛，我們可以看到這個「悲哀」的基礎。它不單指涉一種個人所經驗的悲哀，而且包含超越這個範圍的東西。

如果自己未曾經歷到人生的悲痛，那就無法理解悲哀的真意。可是，悲哀並非限於一種主觀的感情，而是含有一個更廣泛的意思。人類生存本身所具有的不變特質正可以感受到這一點。我們在此或許可以感受到一種與世界的共鳴。我所經驗的悲哀經常伴隨激情，並在當中感受到一種獨特的寧靜。

在一九二〇年，西田為就讀第三高等學校期間因病逝世的長男謙，寫了以下一首歌：

> 從死去孩子的夢感受到日出時窗外那冰冷和暗淡的霎[3]

失去兒子的那份悲哀，並不只是一件個人的事，更是一種與周邊冰冷世界的「霎」所融合的經驗。我們可以說這是把失去兒子的悲哀與世界的悲哀合而為一，從而寫成一首歌。這份悲哀就是西田所言的哲學動機。

人生問題與哲學

「哲學的動機……是深邃人生的悲哀」一文出自西田《無的自覺限定》（一九三二年）一書，與書中另一段文字具有異曲同工之妙。

> 哲學不單是始於理論的要求，而是行為自我所看到的自我本身。沒有內在生命的自覺，便不能說是哲學。這裡反映出哲學的獨特見解和知識。在這個意義上，我認為人生問題不是一個哲學問題，反之是哲學本身。哲學的真正動機是處於行為自我的煩惱之中。（五：一三九）

西田所言的「內在生命」，正是剛才提到的「悲哀」。我們的悲哀和苦惱即是哲學的出發點。從這一點出發，反覆思考「真生」如何可能便是哲學本身。

西田的思考就是植根於這個哲學問題。雖然西田不是經常以悲哀為題，但悲哀卻驅使他的思考。西田的一言一語亦以悲哀作為背景，並由此展現出其哲學的巨大魅力。

「如寂寥和深秋之海般的哲學家」

西田與倉田百三只有一次直接的對話。二十一歲的倉田在第一高等學校就讀時，寫信給當時在京都大學任教的西田。此時正是西田《善之研究》一書出版的翌年。倉田寫信給西田是由於讀了《善之研究》，感動不已。倉田在信中寫道：「我有兩個地方不及老師。……在老師高深和我幼稚與單純的人格之間，希望可以建立一道橋樑。在這道橋樑上，那份誠實謙虛和熾熱生命的脈搏得以往返。」（《生存》）[4]

這封信是在倉田從廣島的故鄉返回東京途中所寫的，目的是希望造訪西田。對此，西田很快便有所回應，從而促成了倉田的來訪。倉田其後返回東京，寫信給西田表示謝意，當中表示：「請〔老師〕成為一位如寂寥和深秋之海般的哲學家。」

從「寂寥和深秋之海的哲學家」一句來看，我們並不清楚倉田的真意。我們只能肯定它是關乎「悲哀」的。倉田在信中提到：「哲學家雖然使用『悲哀』一詞，但我們會懷疑他們是否真正感受到那份我們所意識到的深切悲哀。……從他們的……文字背後……〔我們〕感到一份空虛。」倉田續言：「老師，請與年輕人並肩。請老師對 *Leben*〔生〕本身保持一種真摯、深刻和沉痛的態度。」[5]

倉田的意思，恐怕是希望西田可以成為一位能夠體會當時年輕人苦煩與不安的哲學家，並以此作為思考的基礎。

海與「無限之物」

倉田雖然是以比喻的方式表達「寂寥和深秋之海」，但西田對現實的「海」卻不時寫下意義深邃的文章。在剛才提及〈有關純粹經驗的斷章〉的一文中，西田記述了他在四高任教時，藉著踏足金澤附近的金石之海，眺望那個「象徵無限之物的波濤與天空的行雲」，對他而言是「唯一的快事」。西田在談及海涅的〈從北海〉[6]與波特萊爾〈人與海〉[7]的詩時，則寫有：「凝望大海同樣具有一種深刻的意義。在眺望無限和遙遠大海的波濤時，我從來沒有感到厭倦。」在京都大學退休後，西田於雜誌《思想》發表了一篇題為〈鎌倉的歌〉的文章，當中表示：「我愛大海，當中好像有甚麼無限之物在流動。」

在無限和廣闊大海裡反覆流動的波濤，讓人感受到一種「無限之物」。西田被它迷倒，原因恐怕就是那個無限和當中的「無限之物」。西田曾經寫了一首歌：「在我們心的深處，有一個喜和憂的波浪。」自我在其中有一個連自我也不能反省的深淵。西田或許是從這個無限深邃處所發出的聲音，聽到那些波浪的聲音。

這個心的「深處」是指喜和悲也不能到達的彼方。然而，它同時是建立我們生存的基礎。西田嘗試以「內在生命」來表達這個心底深處的活動，並於其哲學中，不斷追求這個內在生命的自覺。

倉田所言的「如寂寥和深秋之海般的哲學家」，帶有一種年輕人獨有的感傷。如果這是指涉一個以生存基礎作思考的哲學家，西田實際上豈不如此？

西田哲學固然並不止於一套人生觀。作為一套哲學的西田哲學，當中具有各式各樣的可能性。我們首先會在第一章扼要概述西田的生涯，並在第二章以降揭示其哲學的魅力。

譯註

1 倉田百三，〈異性の内に自己を見出さんとする心〉，《愛と認識との出発》（東京：岩波書店，二〇〇八），頁九四—九五。

2 除特別註明外，西田著作的引用是出自二〇〇二年開始發刊的新版《西田幾多郎全集》（東京：岩波書店，二〇〇二—二〇〇九）。

3 《西田幾多郎全集》第十一卷（東京：岩波書店，二〇〇五），頁四六六。

4 倉田百三，《生きんとて》（東京：角川書店、角川新書，一九五六），頁七。

5 同前註，頁一五。

6 海涅（Christian Johann Heinrich Heine，一七九七—一八五六），德國詩人。

7 波特萊爾（Charles Pierre Baudelaire，一八二一—一八六七），法國詩人，〈人與海〉（**L'Homme et la mer**）一詩收於其詩集《惡之華》（*Fleurs du mal*）。

第一章

西田幾多郎：貫徹悲哀的意志

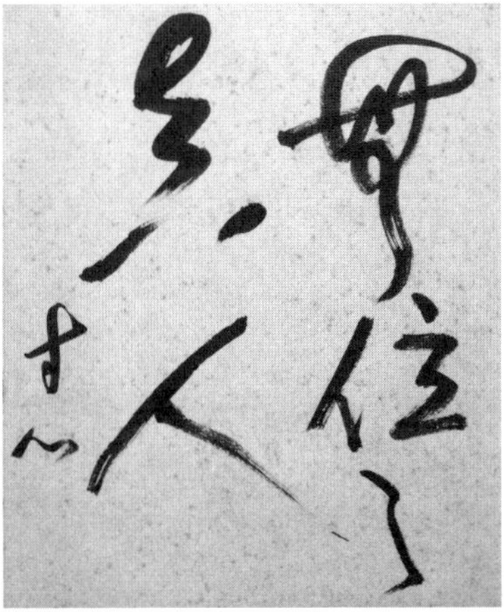

「無位の真人」（西田親筆），出自臨濟宗義玄禪師所言「無位真人」（《臨濟錄・上堂》。

「虛幻」的生涯

西田幾多郎於一九四五年（昭和二十年）六月七日，因尿毒症而急逝於鎌倉的家，結束了他七十五年的生涯。西田著作等身，聲名遠大，並且培育了很多優秀的人才。在當時而言，西田的人生可算是十分漫長。

對此，任何人都會認為這是一個「功名雙收」的人生。可是，西田自己卻以完全相反的目光來看。

在死前的一周，西田在日記中表示：「〔我〕開始寫〈關於論理〉一文。」這篇題為〈關於我的論理〉的原稿後來成為西田的絕筆。文中表示：

> 我的論理並未被學界所理解，甚至可以說是從未被考究過。雖然不能說是未曾受到批評，但這些都只不過是以其他立場來曲解我的意思，並以此作為批評的對象。（十：四三一）

「我的論理……從未被考究過」一句明顯是不正確的，因為西田的思想被很多人批評過。可是，這些反過來是對西田思想的肯定。例如，首次將西田思想冠以「西田哲學」之名的左右田喜一郎，在論文〈西田哲學的方法：乞求西田博士的賜教〉中，雖然對西田哲學作出嚴厲的批評，但其實是建基於一種對西田哲學的評價。針對收錄於西田《從動作到見》（一九二七年）一書中的「動作」與「場所」等論文，左右田認為它們「應該算是踏入了一個體系之境地」。[1] 然而，西田自己卻以完全相反的角度來看。

在京都大學退休後，西田寫信給當年在山口高等學校和第四高等學校的同事。信中表示：「是怎樣吹的風，……使虛名被廣傳。從外面看來雖然是美好的，但卻是建基於十年來家中的不幸和不少沉痛的回憶。這些稱許與非常暗淡的人生歷程都只不過是一些漩渦中的虛幻，各式各樣的工作也只是一種安慰自己的方法。」[2]

究竟是甚麼原因導致西田意識到外在美好的世界是一種「虛幻」呢？對此，我們會嘗試回顧西田的人生。

從師範學校到四高

不論是在學期間，還是畢業後，西田走過的路皆不是一帆風順和平坦的。

西田生於加賀國河北郡宇森村（現今石川縣河北市），在村內的新化小學畢業後，因夢想成為老師，於是在一八八三年（明治十六年）入讀了金澤的石川縣師範學校。可是，翌年因病（傷寒）而無奈退學。經過兩年的空白期後（經過休養後，西田在家補習數學和英語），西田轉讀石川縣專門學校。

石川縣專門學校是一所高度專門學校，於一八八一年（明治十四年）成立。它是一所由四年的預科（初等中學）與三年專門部所構成的七年制學校。除日本漢字，其他科目皆以外文授課。西田於一八八六年以後補身分插班入讀初等中學的第二級。

翌年（一八八七年），隨著文部省於全國設置五間高等中學的方針，石川縣專門學校改稱為第四高等中學校（通稱四高）。曾為石川縣專門學校學生的西田，當初被編入預科班，翌年則入讀本科一部文科。當時的同窗有金田（山本）良吉、藤岡作太和鈴木貞太郎（大拙）等。

前路的抉擇：數學還是哲學？

對西田而言，從預科班到入讀本科，當中的一個大問題就是前路的抉擇。究竟應該選擇理科學習數學，還是選擇文科學習哲學呢？西田把這個深深的迷惘記於一篇小品：「在四高時，決定將來主修的時期臨到了。如眾多年輕人一樣，我同樣對這個問題感到迷惘。特別是就學習數學還是哲學方面，對我而言是一個難題。我所尊敬的老師勸我學習數學，原因是哲學不但需要具有邏輯思考的能力，詩人的想像力亦同樣重要。可是，我則被質疑是否有那種能力。從理性方面，這當然是對的。……然而，即使如此，我卻意識到不要以枯燥無味的數學作為終生職志。縱使不斷對自己的能力有所懷疑，但最後還是選擇了哲學。」（〈某教授的退職辭〉）[3]

此處所言的「我所尊敬的老師」是指北条時敬。北条在一八八五年（明治十八年）畢業於東京大學，其後出任石川縣專門學校的數學老師，三年後轉任四高。北条可以說是西田生涯中最具影響力的一位老師。

北条無疑亦認同西田的能力，在四高的預科時讓西田寄宿於自己家中。可是，北条卻強烈反對西田對哲學所產生的念頭。西田的弟子木村素衛及後寫道：「西田老師曾被北条老師勸導成為一位數學家，而老師自己亦曾有這個打算。西田老師此時讀了井上円了《哲學一夕話》一書，從此意識到要放棄數學而學習哲學。北条亦衡量過此事，認為不可行而沒有容許西田老師選擇哲學。……由於沒有其他辦法，西田老師放棄了哲學而努力學習數學。……此時，北条轉職至一高（第一高等學校）。西田老師因不再受壓而變得自由，自始便單方面大量開始閱覽哲學書。」（木村素衛〈西田幾多郎老師的話〉）[4]

西田雖然遇到這些困難，但總算在哲學方面踏出了一步。

從四高退學

在剛才引用的〈某教授的退職辭〉一文中，西田表示：「對我的生涯而言，四高的學生時代是最愉快的。那時年少氣盛，豪放不羈，一無顧慮，任意飛翔。」[5]回想四高時代，西田表示這是人生之中最愉快的時期。此時，西田與金田和藤岡等組成「我尊會」，隨思行文，互相批評。西田曾以「有翼」等筆名寫過多篇文章，題為〈我尊會有翼文稿〉，整理後收錄於《西田幾多郎全集》第十一卷。在當中一篇〈答賓戲〉中，西田的漢文老師因目睹西田等人的放縱行徑，便稱他們為「有翼之物」。「有翼」的筆名便由此以來。

然而，這個時候卻出現了一個很大的轉變。如上所述，石川縣專門學校於西田在學期間變成第四高等中學校。這不單是名稱上的改變，同時意指石川縣教育機關被捲入中央政府的教育行政，使校風產生了很大的變化。對此，西田表示：「自從變成第四高等中學校，校風一轉。學校由一所地區性的家族學校，變成大眾的學校。當時的文部大臣森有禮為薩摩人，由於主張要在金澤注入薩摩隼人[6]的教育，因此派遣曾任鹿兒島縣會議長的柏田（盛文）為初任校長。……從一所師弟間關係密切和諧的學校，忽然變成一所規條化和武斷的學校。我們所憧憬的文藝學問和非常進步的思想，不為學校所悅。即使在當時作為學生的我們來看，因為教師的水平不足等，師生之間衝突尤多，我們對學校感到不滿。」（〈山本晁水君的思念〉）[7]

這種不滿可說是讓學生的態度進一步變得激進。在〈答賓戲〉一文中，西田把一次行動記述為：「此生亦曾放縱不羈，只要是自己不喜歡的，絲毫不會隨波逐流。我當時是任意妄為，隨己意行，視學校的規條如糞土，……聽到嚴令亦只是『啊』一聲，重罰猶如見到遠處的火災。」[8]

對西田一眾而言，他們的態度帶來了嚴重後果。操行分數大幅下降，並導致金田於第一學期末退學。西田雖然就讀至整個學年結束，但卻必須留級。翌年，西田雖然轉至第二部（理科），從一年級開始重讀，但對實驗、測量等毫無興趣，最終亦踏上退學之途。

作為選科生

退學後，西田以自修的方式，終日埋頭苦讀。結果令眼睛變壞，並使他「委屈」地入讀了帝國大學文科大學。所謂「委屈」，除了指未能達成其獨學的決心，同時亦意謂他因為高校中途退學而必須以選科的方式入讀帝國大學文科大學，而非正規課程。

西田晚年以〈明治二十四、五年期間的東京文科大學選科〉為題的短文，記述了當年作為選科生的屈辱：「當時的選科生確實是一件慘事。……可能是誤解，即使是拜訪老師，對老師而言，我們好像是一眾外人。即使是不久之前的高校同窗，我同樣好像被疏遠。這不多不令〔我的〕心靈受創，使我好像躲在角落裡而變得渺小，並且在當中度過了三個年頭。」9

當時東京大學哲學科的教員——德國哲學家盧齊（Rudolf Hermann Lotze，一八一七—一八八一）的弟子景柏（Raphael von Koeber，一八四八—一九二三），透過井上哲次郎等編纂的《哲學字彙》而被外界所認識。由於三年一次的交替，景柏赴日接替盧齊。可是，西田在文科大學始終沒有遇到他所敬仰的老師，和令他留下深刻印象的科目。這或許是因為西田對待所有人和事皆存有「偏見」。相對於「年少氣盛，豪放不羈，一無顧慮，任意飛翔」的高校時代，那個「躲在角落裡而變得渺小，並且在當中度過」的大學時代無疑是一件大事。

從西田入讀大學時寫給友人金田良吉的信中所見：「眾人皆樂見春天的到來，只有我聯想到一隻平平無奇的狗兒將死而慨嘆不已。」從這一句來看，我們可以得知西田入讀大學後是如何被打壓。

景柏與西田

從一八九三年赴日至一九一四年離開教壇的二十一年期間，景柏在文科大學曾指導過波野精一、九鬼周造、和辻哲郎等多名秀才。就確立日本哲學而言，景柏無疑貢獻良多。

可是，西田卻沒有受到景柏很大的影響。在景柏死後，雜誌《思想》出版了〈景柏老師追悼號〉，當中包括西田所寫的〈懷念景柏老師〉一文。從文中所見，西田雖然對景柏的高尚人格深表敬意，但在學問上卻與景柏迥異。西田雖然沒有詳述過當中的差異，但相對於景柏對古典學的重視，西田則較強調自我思考，即一種主體思維。

在〈懷念景柏老師〉一文中，西田表示：「老師所教導的，始終未曾實踐過。只是因為老師指出Philosoph muß rauchen（哲學家必須吸菸），我現在便養成了吸菸的習慣。」[10]這個憶述固然是一種從心底發出的懷念之情，但同時亦反映出景柏和西田之間的距離。

苦難之道

西田於一八九四年（明治二十七年）修畢文科大學的選科後，返回家鄉金澤。西田未能即時找到工作，直至翌年才當上石川縣尋常中學七尾分校的教師。在一八九六年，西田當上第四高等學校的講師，教授邏輯、倫理和德文等科目。由於遭逢校內的紛爭，翌年便失去工作。讓西田脫離困境的，就是山口高等學校校長的北条時敬。藉著北条的協助，西田獲得山口高等學校一職。其後，在北条的推薦下，西田於一八九九年當上四高的教授。

西田在大學畢業後，在公方面既非平順，在私方面更經歷不少痛苦。其一就是與父親西田得登的執拗。父親事業失敗，陷於破產，並與妻子寅三、幾多郎等孩子之間存在嚴重分歧。

得登於一八九八年去世，死前給菩提寺的住持寄了一封極不尋常的〈遺言依賴書〉。書中記有交予住持的託負，就是禁止「不孝的長男幾多郎」和「不忠無情的妻子寅三」向自己參拜燒香。雖然於七尾時代，西田與堂妹得田壽美結婚，但卻由於父親得登的介入，在兩年後離婚（當中曾復合）。在一八九七年五月十四日的日記中，西田曾以德語寫道：「父親趕走了壽美。」[11]

傾倒於禪

西田或許是為了克服公私兩面的困難，在這個時期對禪的關注殷切。在四高時，西田其實已經透過北条時敬在國泰寺（富山縣高岡市）的雪門玄松接觸過禪（從北条手上取得手抄白隱的《遠羅天釜》），並在文科大學期間，走訪同一選科、於鎌倉円覺寺開始禪修的鈴木大拙，從今北洪川取得公案（禪宗給予開悟的議題）。

然而，如日記所示，西田認真立志修禪是當上四高講師，從七尾遷到金澤後才開始的。西田從國泰寺轉至金澤的雪門參禪。在一八九七年至一八九九年期間參加了京都妙心寺進行的接心（一星期集中禪座的修行）。

我們不單在一八九九年西田給山本良吉的信中看到：「我雖然浪費了數年的光景，但仍然希望繼續這事（禪修）」[12]，更於一九〇三年的日記得知：「我以參禪為一種學習是錯誤的。我應該以心和生命而為之，直至見性（開悟）都不應該思考宗教和哲學。」[13]

從禪到哲學

西田認真進行禪修，可由一九〇三年三月從雪門被授予「寸心」的居士號一事得知。「寸心」這個居士號據說是取自杜甫〈偶題〉一詩中的「文章千古事，得失寸心知」一節。

另外，西田兩年後在京都大德寺，被認定參透了由廣州禪師給予的「無字」公案（對於狗是否也有佛性的問題，趙州以「無」作回答。這是有關「無」的一個公案）。西田對這個公案的理解被認定為正確無誤。可是，西田在當日的日記中卻表示：「我不是很開心。」當中的原因恐怕是西田希望透過參悟公案，可以得到心靈上的根本變化，但此時卻未能所及。

西田隨即將此事告之其師父雪門。雪門答道：「不管入所（覺悟之時）的強弱，透過不斷的努力而達致熟練時，你必能進入更高的境界。希望你能進一步發奮圖強。」雪門期望西田可以更加努力，逐步提升境界，最後達致真正的覺悟。

參透這個公案恐怕是一個階段性的成果。自一九〇四年（明治三十七年）起，西田的關注逐漸轉向哲學。此事可見於西田的日記。例如在寫給美國伊利諾州 Open Court 出版社工作的鈴木大拙的信中，西田表示：「雖然你打算終生持續宗教的修行，但就學問而言，我認為你應考慮現時的工作是否對你最為合適。」針對上面提及的「只是希望繼續這事（禪修）」[14]，意思恐怕有所不同。

在寫給大拙這封信的同時，自一九〇六年起，西田一方面開始把四高的講義付印，另方面亦開始在學術雜誌發表關於「純粹經驗」的文章。西田後來更把這些著作整理為《善之研究》（一九一一年）一書。

學者之途

隨著論文的出版，西田的才華逐漸備受關注，學者之途亦因而展開。在一九〇九年，西田出任學習院的德文科主任（這同樣是北条時敬的安排）。可是，西田在學習院僅任職一年，翌年便因填補往海外留學的友枝高彥（往後的東京文理科大學教授），即西田所謂「看家」，轉任京都帝國大學文科大學倫理學講座的副教授。

西田於一九一三年（大正二年）出任京都大學宗教學講座的教授，並在翌年接任轉職東京大學的桑木嚴翼，負責哲學講座。直至一九二八年退休的十四年間，西田一直為哲學講座的教授。

《善之研究》的出版是西田遷往京都一年後的事。西田在京大任職期間，出版了《自覺中的直觀與反省》（一九一七年）、《藝術與道德》（一九二三年）、《從動作到見》（一九二七年）等著作。

從《善之研究》到《從動作到見》，西田可以說是開展了其獨創思想。從「惡戰苦鬥」到「迂迴曲折」（《自覺中的直觀與反省》的〈序〉）所見，「我（西田）已經尋獲了那個長久以來藏於思考深處的東西。」（《從動作到見》的〈序〉）

西田在寫給當時留學海德堡的弟子務台理作的信中清楚表示：「我是根據它（《從動作到見》（所收錄的論文〈場所〉），感到達致一個終極的立場。」[15]可是，西田透過「場所」思想所建立的一套獨創哲學，並非止於西田個人的感想，而是出自左右田喜一郎的評價。反之，有別於西田所感，場所並未成為西田的「終極立場」。

悲哀的歲月

在京大任職期間，西田在授課的同時，建立了自己的哲學。然而，如本章開首所提到，西田寫給堀維孝的一封信所言，西田表示其獨創哲學是建基於一種試煉。

四高的友人藤岡作太郎在一九〇八年（明治四十一年）出版了《國文學史講話》。西田應邀為這本異於自己專業的一書作序（收錄於《思索與體驗》）。當中的原因是藤岡此書是為了紀念出版一年前離世的女兒，西田的女兒亦同樣在大約半年後去世。

作為一本專書的序，西田的文章恐怕並不出色或適切，因為它完全沒有談及《國文學史講話》一書的內容，而只滿載喪子之痛。

可是，這篇文章卻打動了那些堅強的人的心靈。例如：

如果死去的人並非只是我兒，理論上應沒有任何悲痛。然而，即使死亡是人生不可避免的事，悲痛的事還是悲痛的；飢渴縱使是人類自然之事，飢渴還是一種飢渴。（一：三三一）

在理性上，任何人都必須經歷肉親或所愛之死，這是可以理解和接受的。然而，心底那份深邃的悲痛仍是揮之不去。悲痛之大，難以克服，確實一言難盡。

西田在寫這篇序的時候，次女和剛剛出世的五女離世。不但如此，西田還經歷了很多不幸的事。以上兩名女兒的離世，是在西田任職四高教授期間。西田轉職京都大學後，妻子壽美因腦充血病倒，臥病五年後去世。在這段期間，就讀第三高等學校（三高）的長男西田謙亦因腹膜炎而導致心臟內膜炎的併發症離世。西田的人生，在字義上足證「悲哀」。

在這段期間，西田不時在書簡和日記中撰寫短歌。在長男西田謙離世的時候，西田給三高圖書館寄贈了康德與費希特全集，以作紀念。在寄贈梅迪庫斯版《費希特全集》[16]第一卷的封面背後和首頁寫上「紀念亡兒謙」。與此同時，西田亦寫有「在擔架上，我兒便走上這條路，並從那天開始不再回來」等五首歌。此外，西田在妻子和四女友子臥病在床時，在日記中亦記載了「深深討厭這個人生，此時就如冬日般」的一首歌。

如剛才提及堀維孝的信中所記，為了克服種種的悲哀，西田把精神投進學問。這不是旨於逃避，而是希望透過寫歌來面對悲哀。例如，西田創作了一首「面對憂傷，唯盼能親於春日」的哀歌。

京大退休後

西田於一九二八年（昭和三年）五十八歲時從京都大學退休。其父親得登，為了讓兒子能較早入讀師範學校，在戶籍上將出生之年提早兩年。因此，與其他人相比，西田提早了兩年退休。

在一九二八年的日記中，我們看到非常有趣的事。在二月四日一欄寫有：「哲學概論授畢。授課的責任從此不再，身心頓覺愉快。往後我可以一個人從事思考了。」在八月十八日一欄中則記有：「退職的通告出來了。我很快便會變成無業遊民。」這些記事雖然非常簡短，但卻百感交集。對西田而言，「我可以一個人從事思考了」，這表示從京大退休是另一個開始。

實際上，西田在退休後發表了《一般者的自覺體系》、《無的自覺限定》、《哲學的根本問題》、《哲學的根本問題續篇》和《哲學論文集》（第一至第五）等繁多的著作。相比任職京大期間，退休後所寫的論文更多。

在這段期間，其中一件大事可以說是作為西田在京大哲學講座的後任教授田邊元，在《哲學研究》發表了題為〈懇求西田老師的賜教〉一文。論文的題目雖然懇切，但內容卻對西田在《一般者的自覺體系》一書中所開展的思想作出嚴厲的批評。

回顧此事，時任《哲學研究》編輯的中井正一曾言：「對於〔西田〕與老師田邊博士的肉搏與對峙，我們既關注和驚訝，同時亦感悲壯。」[17] 對於周邊的人，特別是西田和田邊的弟子而言，這篇文章為他們帶來了無法估計的衝擊。

西田雖然沒有直接回應田邊的批評，但對其往後的思考卻帶來莫大影響。這一點可見於《無的自覺限定》以降的著作，西田積極思考行為、身體和置於其中的社會和歷史世界等議題。

不單是田邊，西田亦被高橋里美、左右田喜一郎和戶坂潤等思想家所批評。西田總是正面接受這些批評，並以它作為思想的推動力。西田把這些批評納入自己的思想，從而開展一些新思維。這一點可以說是西田哲學吸引我們的理由。

「一介匹夫」

西田雖然在晚年，一九四一至四二年期間因尿毒症臥病十個月，但卻沒有因此而失去寫作意欲。西田在這段期間，以異常的筆跡寫了一張明信片給山本良吉。當中表示：「雖然所有手指都不能伸直，但書寫這張明信片還是可以的。欲言之事雖然如山（之多），奈何手指卻不能動。」在一九四四年，離世前的一年，西田寫信給友人田部隆次時表示：「手，特別是腳神經的痲痺總是不癒。甚麼地方也不能去……過著無聊的日子。可是思考方面卻湧現不少靈感，總希望把它記下來。」[18]

如上所述，西田的生涯就是把那些湧現的思想，以一字一句表達出來。然而，西田並不是系統性的思想家，就連他自己也察覺得到。

西田的一名弟子高山岩男曾出版《西田哲學》一書。此書不單是一本西田哲學的概論，更嘗試系統地解構和再建西田哲學。西田為其寫序，表示意識到高山試圖將其哲學「系統化」：

> 哲學無疑必須以建立系統為目的。我亦無例外，只是力有不逮。我只是一介匹夫，就連精煉礦石的閒暇都沒有。（十一：二八三）

作為一個思想家，既有只管尋找礦藏和不斷發掘的一類，亦有將被發掘的礦石加工、整理和區分的。如果針對現代西方而言，費舍和文德爾班等哲學史家明顯是屬於後者。相反，西田毫無疑問是屬於前者。從這一點來看，「匹夫」一詞正好表現出西田的思考風格。

我們雖然已經介紹了西田在絕筆中，「我的理論……還沒有一點值得一提」，但在日本哲學的歷史中，我們卻無法找到如西田思想一樣，可以變成一個批評和被批判的對象。這不是因為西田思想的不周，反之是由於它包含很多創意。西田哲學的創造性更不停刺激其他思想家，以下我們會進一步探究。

譯註

1 讀者可參藤田正勝編，《西田哲学選集》別卷二、《西田哲学研究の歴史》（京都：燈影舍，一九九八），頁四四。原出：左右田喜一郎，〈西田哲学の方法について―西田博士の教えを乞う〉，《哲学研究》第一二七號（一九二六），頁一。

2 這是一封寫給堀維孝的信（一九二八年九月二十日），《西田幾多郎全集》第二十卷（東京：岩波書店，二〇〇六），頁二七二（書簡一〇七五）。

3《西田幾多郎全集》第七卷（東京：岩波書店，二〇〇三），頁三四七。

4 木村素衛，〈西田幾多郎先生の話〉，收於「心編輯」所編《心》（東京：生成会，一九六四），十一月號，頁一八八。

5《西田幾多郎全集》第七卷，頁三四七。

6 薩摩指今日本九州鹿兒島縣及宮崎縣西南地區；隼人原指南九州地區的原住民，因民風尚武，成為「勇武驃悍的武士」代名詞，近代薩摩出身的武士亦自稱「薩摩隼人」。

7《西田幾多郎全集》第十卷（東京：岩波書店，二〇〇四），頁四一四—四一五。

8《西田幾多郎全集》第十一卷，頁三三五。

9《西田幾多郎全集》第十卷，頁四〇九—四一〇。

10《西田幾多郎全集》第十一卷，頁二三二。

11《西田幾多郎全集》第十七卷（東京：岩波書店，二〇〇五），頁一九。

12《西田幾多郎全集》第十九卷（東京：岩波書店，二〇〇六），頁五二。

13 西田幾多郎一九三〇年七月二十三日的書簡，收錄於《西田幾多郎全集》第十七卷，頁一二六。

14 西田幾多郎一九〇七年七月十三日的書簡，收錄於《西田幾多郎全集》第十七卷，頁一〇七。

15 西田幾多郎一九二六年六月八日的書簡，收錄於《西田幾多郎全集》第二十卷，頁一六九。

16 瑞士聯邦技術大學（ETH Zurich）哲學教授梅迪庫斯（Fritz Medicus）編的《費希特全集》。*Johann Gottlieb Fichte, Werke, Auswahl in Sechs Bänden.* Hamburg, Meiner, 1908-1912.

17 京都哲学会編，《哲学研究》第四〇〇號（一九五一年二月），頁一七八。

18 西田幾多郎一九四四年七月十二日的書簡，收錄於《西田幾多郎全集》第二十三卷（東京：岩波書店，二〇〇七），頁二三二。

第二章

朝向根源：純粹經驗

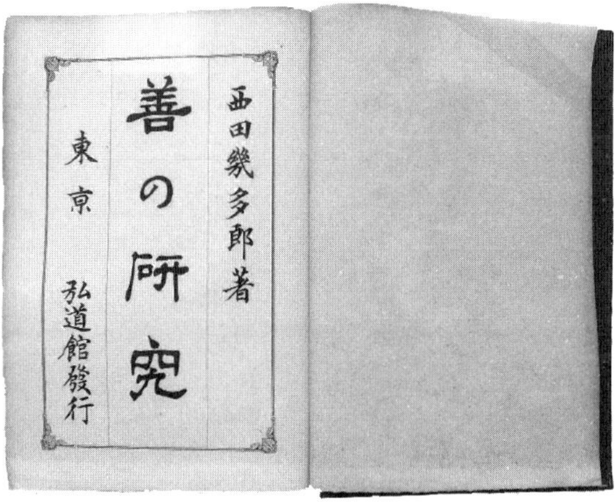

《善之研究》初版（東京：弘道館，一九一一）

赤裸裸的感覺

西田幾多郎因其處女作《善之研究》而被廣泛認識。有一點值得留意的是，《善之研究》的書名與其內容並非一致。經過與出版社弘道館的交涉，書名雖然最終定為《善之研究》，但根據出版的合約，此書原名「純粹經驗與實在」。

與《善之研究》相比，「純粹經驗與實在」可以說是較為符合書中所言。西田在《善之研究》的基本主張是「純粹經驗」即實在，一種真實的存有。「以純粹經驗作為唯一的實在，從而希望說明一切」一句便反映出全書的旨趣所在。

我們在本章嘗試窺探作為西田「思想基礎」的「純粹經驗」，為何可以被視為「唯一的實在」。

在梳理西田如何對此作說明之先，我們將參考森有正的一篇文章。這篇文章曾在上田閑照的《西田幾多郎：人間的生涯》（一九九五年）一書中被提及。森氏長居巴黎，專研法國文學和哲學，以《經驗與思想》（一九七七年）等著作被認識。我們透過書名得知，「經驗」是森氏一生探究的議題之一。在《樹木淋浴陽光》文集中，森氏多次詢問甚麼是經驗，並且談到他曾造訪北海道，在支笏湖湖畔的原始山林散步時所持的印象。

人類在不為被造之名與命題煩擾時，自然這個東西便會赤裸裸地進入感覺之中，繼而帶來喜悅。這種感覺其實是一個先於「喜悅」的純粹狀態，之後才以「喜悅」一詞來形容這個狀態。[1]

在《經驗與思想》一書中，森氏雖然將自己和他者的連繫綜合為「經驗」，但在語言介入之前，「經驗」一詞應該是指一種純粹的感覺狀態。自然不具名字，它是赤裸裸地滿足我的狀態，而這個狀態本身就是森氏所言的「經驗」。我們或許可以借用森氏這種對經驗的看法，理解西田所言的「純粹經驗」。

「純粹經驗」？

要瞭解西田本身如何思考「純粹經驗」，最重要的線索就是《善之研究》第一編的第一章「純粹經驗」：

經驗是對事實原樣的認知。它是根據事實，摒棄所有的自我修飾。純粹是指我們一般所謂的經驗，離開某些思想的交錯，絲毫不含分別思維，一種真正的經驗原樣狀

> 態。例如見色、聞聲的一剎那，它不但沒有一種外物作用或我感思維，亦沒有加上顏色和聲音的判斷。純粹經驗因此與直接經驗是同樣的。當（我們）直接經驗到自我的意識狀態時，主客皆無，知識及其對象亦全然合一。這種經驗是最醇的。（一：九）

引文中「摒棄所有的自我修飾」一句意指一種根據事實而認識事實的必要性。針對這個論述，恐怕不單是筆者覺得有些地方難以接受吧。我們在觀看某物時，不是加上某種「修飾」而視之。我們不是扭曲對象，反之是如其所然而觀之。

儘管如此，西田為何建議要「摒棄修飾」呢？

在《善之研究》中，最早完成的部分雖然是第二編「實在」，但西田在第一章〈思考的出發點〉便表示了此書的意圖：

> 現在如果我們希望理解真正的實在，認識天地人生的真面目，那就只能懷疑那些可以值得懷疑的，並且剔除所有人工假定。此時，懷疑也好像沒有可以被懷疑的，並以此作為直接知識的基礎。（一：四十）

「摒棄修飾」與「剔除人工的假設」的意思無異。問題是：縱使我們以物件的原樣視之，為何會被視為一種「人工假設」呢？

這裡反映出一種密切關乎我們認知的結構。我們並非持著一種特權來觀看事物本身，自由地把握知識。反之，知識是作為一個認知的機能而建立一個框架，繼而認識事物。例如我們將蘋果置於眼前時，我們是以蘋果的原樣本身而觀之。可是，此處已衍生了一個所謂負責認識的手（主觀）和被認識對象（客觀）的對立。我們是在這個框架下認識事物。換句話說，我們是以蘋果作為對象而視之，並在這個前提下觀看蘋果。透過這個框架所把握的事物，我們視之為真理，亦即事物的實相。

問題是：如果我們希望把握事物的實相，就必須考究當中的認知框架。透過剔除假設（人工假設），我們或許能夠首次迫近事物的實相。西田也是從這個問題出發來思考實相。

思考的徹底性

西田的終生格言就是要在一個並未經過充分考究的前提下，重新檢視哲學的妥當性。他透過與事物的肉搏，從而達至思考的徹底性。西田在晚年回顧《善之研究》以來的思考歷程時表示：「《善之研究》以降，我的目的是從直接的和最根本的立場來觀看和思考事物。」[2]在考究西田思想的魅力時，最須關注的就是其思考的徹底性。

我們在上一章提到，針對要求學生認識古典豐富內容的景柏，西田表示自己持有「不同的傾向」。兩者的差異在於西田並不滿足於已清楚明瞭的事物，反而是要追求其根源。西田不單是要理解真理，而是以「自我思考」為其格言。

我們可從西田寫給木村素衛的譯書（費希特《全知識學的基礎》，一九三〇年）的序文中看到這一點。

> 我總是想：由我們心底深處所構成的我國思想界，並非只是在追趕他國的嶄新發展，而是首先要注意到那些沉澱於大思想家思想的根源，並從當中活出來。（十一：二七七）

西田一方面表示要避免追隨流行的思潮，強調要深入認識古典的必要性；另方面則主張要「從當中活出來」，在西方哲學之上進行獨立思考。針對這一點，西田較任何人更加努力。

「主觀—客觀」的框架

為了追求事物的實相，西田要求「懷疑只可能懷疑的」。即是說，我們要持續進行徹底的懷疑（這是針對笛卡兒〔René Descartes〕所言「方法的懷疑」。我們要除去所有被懷疑的事，使其無可置疑）。針對這種徹底的懷疑，西田欲指出的是哪些具體的問題呢？

對此，我們可以借用剛才提到的「見色和聞聲的一剎那」，其意思是指純粹經驗並非是一種我看到甚麼、聽到甚麼的經驗，或者是一種在我之外看到甚麼和聽到甚麼的經驗。

西田赴任京都大學之後所講授的「哲學概論」，其講義筆記被保存下來。西田在當中表示：「純粹經驗」是「真正fact of pure experience〔純粹經驗的事實〕只是know〔知道一事〕。沒I〔我〕。〔正確而言〕也沒有know，如果是rot〔紅色〕就只是rot紅色。」[3]

純粹經驗在此被表示為「如果是紅色就只是紅色」。「一般」而言，我們是藉著「我」這種意識，例如將眼前的花視為「外物」。即是說，我們由於意識到外在有些「甚麼」，繼而進行觀察。「我」對「外物」加諸甚麼，或「我」受到「外物」的某些刺激，然後在這個框架上進行各式各樣的經驗。簡言之，我們是在「主觀—客觀」的框架下進行經驗。

西田認為，這正是問題之所在。在「主觀—客觀」的框架下，我們在無意識之中沒有對「人工假設」進行充分的考察。根據「見色、聞聲的一剎那」，西田欲指出一個「主觀—客觀」的框架。在這個框架出現之前，「經驗原樣狀態」就是「見色和聞聲的一剎那」，或者是「如果是紅色就只是紅色」。

心物對峙

西田認為，「經驗原樣的狀態」「既非置於直接經驗事實的主客對立、亦非精神物體的區分。它意指物即心、心即物，一種唯一的事實。」根據西田的理解，這個未被區別的主觀和客觀的「現實」，就是「經驗最醇的東西」，而並未與其他東西混合。即是說，主客對峙是源自「純粹經驗」統一的流失。

> 直視實在是指在所有直接經驗的狀態下，不存在主客區分，並相對於實在。……主客之別是在失去經驗的統一而引致的一種相對形式。根據主客的獨立性而成立的實在，無非是一種獨斷。（一：三四）

嚴格來說，當我們以「心」和「物」的獨立存有作思考時，它一方面指向一種外在世界的意識或「內心」，另方面指向一種意識表現的外在世界，並視兩者為實體。對此，西田試圖避免這種「獨斷」。主客的對峙是透過所謂「反省」而被引入的。從原經驗而言，這種區分和對峙並不存在。針對經驗本身，我們只是「相對於實在」，即只有一種實在的呈現。

在「主觀—客觀」的框架下，我們在表現意識與被表現的外在世界關係中，把握實在的直接表現，並以「事實」作為外在世界。

由主客對峙所致的終結

換句話說，意識與外在世界，或者主觀與客觀對峙的看法，就是一件意識內的事，即一種視事實置於外在世界的觀點。透過這種意識與外在世界的重疊，第一層次的存在就是外在世界，我們只不過是以各種方式而獲得。從這樣看來，我的意識內容是意識以外的某個對象在我當中結合的一個形象，即心像或表象而已。

這種看法進一步連繫到以下的一個思考方法。由於顏色和味道從屬於意識，因此它並非從屬對象本身。可是，對象本身是感覺以前，一個無色、無味亦無香的世界。例如紅色的玫瑰花，就是視網膜受到光線的刺激，經由大腦所傳遞而首次出現的。這種紅色並非玫瑰花本身所有。正如水仙花的香氣一樣，它是透過鼻子的嗅覺黏膜刺激，經由大腦所傳遞而首次感受到那份滿溢的香氣，而並非水仙本身所有。不論是顏色還是香氣，它一方面只是一種物質，另方面則是一個經由刺激所產生的顏色、香氣和味道的世界。前者是因，後者是果。前者是第一層次的存在，後者只不過是一個心像或表象。

從這樣來看，意識內容在某意義上改變對象，而不再是對象本身。當中的轉變無疑是一個問題。在哲學史上，眾多哲學家就是嘗試解構那個轉變的過程，從而進入身心問題的慍路，令致身體無法活動。

笛卡兒便是當中一位代表人物。笛卡兒認為，人體是一個機械，完全不同於精神。對此，我們必須思考兩者的融合。笛卡兒認為，松果腺正是這個融合之處。例如當我們看見某物，透過刺激後經大腦傳送，松果腺的形狀因而會產生微妙的變化。笛卡兒表示，精神是察覺當中的變化，從而製造具有顏色和氣味的對象。可是，松果腺實際並不如此運作。即使我們假設笛卡兒是對的，為何因著松果腺的變化，便可以製造出具有顏色和氣味的對象呢？笛卡兒並未清楚交代這一點。

作為現實表現的意識現象

在主客二元論的基本結構中，感觀世界與感觀世界之前的對象本身，在空間上有所分隔。我們如何把握被分隔對象與感覺世界呢？在西方哲學史上，有原像與模像（寫像）、對象與心像、物自身或實在與現象等詞彙。對此，西田的「純粹經驗」論，可以說是對主客二元論的一種批判。

我們並非從對象所分隔出來的事物獲得任何東西。我們的經驗是與外在世界直接連繫的。例如由甜品所發出的滋味，並不只是從外在世界分隔出來的意識內部所得。另外，我們從嬰孩的一舉手一投足所感受到的趣緻，亦非只是意識內部的事。滋味或趣緻的感覺是直接與其自身連繫，那嬰孩本身就是趣緻的。換句話說，事物不單是一種物質，例如最初讓我們嘗到的滋味，或讓我們感覺到的趣緻，當中並不存在兩個分隔的世界。針對美味的葡萄或趣緻的嬰孩，其「背後」並不存在。

這並不表示西田否定我們透過「主觀—客觀」的框架所把握的事物。西田沒有否定主觀和客觀的「思維要求」。他批判的是一種與意識對峙的對象，或所謂「純物質」的第一層次存在。我們所意識到的，只不過是心像，即第二層次的事物而已。

按照西田的理解，「意識現象」之中包含實在。正當我們沉醉於鋼琴的優美旋律而忘我之際，「真實就顯現在眼前」。當鋼琴的回響還原至空氣的振動時，我們便會失去那個現實。所謂「純物質」只不過是一種現實的極限解體。它只不過是一個「遠離最具體事實的抽象概念」。

知情意之合一

針對感覺世界和感覺世界以前的實在之抽象性把握，西田在《善之研究》的序文中（新版之序）借用了德國哲學家和心理學家古斯塔夫·費希納（Gustav Theodor Fechner，一八〇一——一八八七）的觀點：一種「沒有顏色和聲音的自然科學式夜晚的看法」。西田表示，這是一種相對於以「原樣作為真正午間的看法」。

當放置花草與樹木於眼前時，我們便與「具有生動色彩和形狀的草木」面面相對，而非一種相對於「純物體」的草木。我們亦非只是相對一種知覺或作為知識對象的草木。花草樹木既是一種知識對象，它同時給予我們一份潤澤與安穩。換句話說，它們同樣「由情意所產生」。

在《善之研究》中，「情意」或「知情意」被多次使用。在定義實在時，西田經常強調知情意的統一。

當我們還沒有加上思維的修飾時，直接的實在是怎樣的呢？即是說，真正的純粹經驗事實是怎樣的呢？此時還沒有主客對立和知情意的區分，而只有獨立自存的純粹活動。（一：四八）

針對主觀‧客觀的立場，當中的一個特徵是：以主觀作為能見和觀察，客觀則為所見和被觀察。站在「知」的立場而言，它表示出一種自我與事物的關係。

對此，西田強調「意識現象」是關乎感情和意志的。例如將畫廊的畫置於眼前時，我們不單是以它為一種知識對象，而是當心靈被它的美所滿足之時，當中包含一種據為己有的欲望。又例如在聆聽音樂的時候，我們不單是以它為一種聲音的延續，更把它連繫於自己的情感。

在實際的經驗中，就如沒有闊度的線一樣，剔除情意的知識並不存在。對此，西田一方面以海涅的詩為例，把夜空的星視作「金色的釘」，另方面則表示「我們的世界是以我們的情意為本」。我們在此處可以看到西田是如何重視「情意」。

「判斷」之前

透過純粹經驗論，西田另一個嘗試處理的是語言或語言表達的問題。在本書頁四三至四四所引用，《善之研究》第一編第一章的開首，西田表示「純粹經驗」意指「沒有加上判斷以前的顏色和聲音」，而判斷則是釐定真偽的命題，例如「這朵花是紅的」和「這些水是冰冷的」。「純粹經驗」欲指出的是一種判斷以前的狀態。

西田在京都大學「哲學概論」的講義筆記中，在上述的引文後表示：「This is Rot［這是紅色］已經是一個判斷。只有Erfahrung des Roten［紅色的經驗］不能被語言所表達。在rot以外的know或conscious［意識的］皆無用。rot是rot，即conscious。」[4]

西田認為，在語言介入之先，「紅色的紅」是我們的直接經驗。在哲學的傳統上，相對於直接的經驗，語言總被視為真理。例如黑格爾在其代表作之一《哲學科學全書綱要》中表示：「不可言說的東西實際上是混沌，並且在發酵之中。當這些東西變成語言時，我們才可清楚瞭解它。語言在思想上是最符合真正的此在（Dasein）。」[5]

實際上，我們是以語言來表達我們的經驗。例如根據「這不是忘都草，而是野路菊」、「相比於嬲怒，反過來是悲痛」等命題，它們可以給予一個較為明確的輪廓。相反，沒有被語言化的經驗卻是在不明確的情況下消失。

西田為何要主張「判斷以前」呢？

語言所致的抽象化

以語言回顧經驗，豈不是可以回答上述的問題嗎？例如我們以「十分悲痛」、「抑鬱」等詞彙來表達自己的心情，並以「這些茶具很有風味」來形容茶的味道。可是，這些表現是否可以充分表達真正的情感和茶的味道呢？雖然「具有風味」可以指「上等的香味」，但如要進一步說明甚麼是「上等的香味」，語言則變得無力。

針對他者，語言確實可以傳遞我們的經驗。「深度」一詞表現了茶的深層味道。然而，它卻無法表現出具有「深度」的茶是一種怎樣的味道。我們以語言所表達的，只不過是經驗的一部分而已。

語言所表達的是經驗具體內容的一部分，從而反映其整體。從部分所看到的整體經驗，我們不久便會發現兩者之間存有很大的差距，甚至是一種無盡的距離。語言必然導致事物的抽象化。

「在事實上沒有主語和賓詞」

西田嘗試以「事實原樣」和「純粹經驗」來表達那些沒有被抽象化，從而得以保持事物的整體。

西田在〈有關純粹經驗的斷章〉中寫道：

> 真正的直覺是在判斷之前。例如我們所說瀟瀟颼颼的風，當中的瀟瀟颼颼就是一種直覺的事實。在事實上，不但風本身並不存在，主語和賓詞皆無。（一六：一九）

如「風」一例所示，首先確定的是現實的主體，繼而根據這個主體說明所發生之事。可是，這種做法只不過是將事件固定化和分解，繼而抽取當中的一部分。對此，我們的直接經驗就如投映在牆壁上的影像，喪失了表情或生命。

西田欲追求的，並不是失去表情的影像，而是帶有生動表情的事情本身。然而，針對「主語和賓詞皆無」的事實本身，它不能以語言表達。西田在《善之研究》中表示：「實在的真象難道不是我們透過自己而獲得，並且透過語言作分析和反省嗎？」

柏格森與西田

西田認為實在本身必須是透過「自己而獲得」的。針對這一點，我們可以看到西田與法國哲學家亨利・柏格森（Henri Bergson，一八五九—一九四一）的直觀思想類近。

雖然西田在很早以前已經談及柏格森，但深入探討其思想是在寫畢《善之研究》諸論文以後的一九一〇年至一一年之間。在這段期間，西田發表了〈柏格森的哲學的方法論〉和〈柏格森的純粹持續〉二文，其後收錄於《思索與體驗》一書。西田在書的〈序文〉中表示：「來到京都初期〔一九一〇年〕，影響吾人思想的是里克特（Heinrich John Rickert，一八六三—一九三六）[6]等所謂純論理派和柏格森的純粹持續之說。因為對後者所產生共鳴和由前者所致的反省，〔吾人〕獲益良多。」[7]

從這段文字我們可以清楚看到，西田對柏格森的哲學及其思想有所共鳴，特別是其「直觀」的概念。

柏格森所言的「直觀」，意思是我們並不從外在把握事物，而是要進入事物的內部來把握。針對前者，柏格森稱其為「分析」，意思就是還原至對象的已知要素與其他對象的共通要素。與此相反，直觀是指要在能動和生生不息之中，不失其生命，並在「動態」中把握事物。

在某個意義上，「分析」是指一種針對對象的「翻譯」。我們透過「符號」表示出一些與其他事物的共通要素，從而理解對象。然而，「直觀」則意指「對象本身是獨立的。因為它不能與通過語言所表達的東西合而為一，因此我們要將自己移至對象的內部」。（坂田德男譯〈形而上學入門〉）[8]根據柏格森所言，「直觀」不是翻譯，而是「共感」（sympathie）。

易物而視

關於柏格森的「直觀」，西田在〈柏格森的哲學的方法論〉一文曾言：「從事物本身而視之……總括而言，沒有一個符號可以表現出事物本身，即所謂言語杜斷之境。」這就是說，「實在的真相總是無法從外在窺探，而只能變成實在本身，透過內部而得知（如人飲水，冷暖自知）。」

為求說明柏格森的「直觀」，西田雖然表示它要「從事物本身而視之」或「變成實在本身而從內部得知」，但亦同時可以透過「純粹經驗」的解釋來瞭解。例如在《善之研究》中，西田在批評精神與自然的對立時表示：

我們所謂認識事物，意思只不過是指自己與事物合而為一。我們賞花的時候，自己已經變成花朵。（一：七六）

事物不是從外在，而是變成事物本身才被把握的這種想法，不單是西田初期的思考，同時亦貫穿其整體思想。通過西田著作中被反覆使用的「易物而視、易物而考」一句來看，我們便可以充分證明這一點。

譯註

1 森有正，〈木々は光を浴びて——札幌医大付属病院和田武雄先生に捧ぐ——〉，《木々は光を浴びて》（東京：筑摩書房，一九九二），頁四八。

2 《西田幾多郎全集》第八卷（東京：岩波書店，二〇〇三），頁二五五。

3 《西田幾多郎全集》第十五卷（東京：岩波書店，二〇〇六），頁九九。

4 同前註，頁九九。

5 Hegel: Werke in zwanzig Baenden. Bd. 10. *Enzyklopaedie*. Frankfurt am Main 1971. S. 280. 日文版並沒有翻譯德語在Zusatz（補足）的文章。

6 里克特，德國新康德派哲學家。

7《西田幾多郎全集》第一卷（東京：岩波書店，二〇〇三），頁一六六。

8 ベルクソン，〈形而上学入門〉，坂田徳男譯，收入《世界の名著》第五三卷《ベルクソン》（東京：中央公論社，一九六九），頁六八。

第三章

生命之表現：藝術

「心月孤円光吞萬象」（西田親筆）。西田經常揮筆灑墨，從而看到「自由生命節奏」（本書頁七六）。

哲思與藝術

我們在上一章提到事物不是從外在，而是進入其內部，並且透過兩者合而為一而首次被把握。這一點可見於西田的「純粹經驗」論。西田不時通過藝術追求這種經驗模式。西田的思考雖然極為抽象，但亦經常嘗試以具體事例加以闡釋。對此，藝術恐怕是最有效的方法。

為了說明「純粹經驗」的主客合一論，西田以「音樂家演奏熟練歌曲」為例。並且在《善之研究》第三編〈善〉之中，借用了一則關乎「昔日羅馬教家本篤十一世，在請求畫家喬托展示其畫技時，只是給教家畫了一個圓形」的故事，具體說明「何謂真正的善」。

透過這些具體例子，特別是藝術創作，西田的思考日漸成熟。從解讀西田著作的立場而言，這些具體的例子可以說是最佳方法。

喬托的一個圓形

喬托（Giotto di Bondone）是一名活躍於十四世紀的義大利畫家，由於在亞西西聖方濟各大教堂畫了「聖方濟各大教堂的生涯」等作品而聞名於世。西田是透過哪些文獻得悉喬托的故事呢？筆者在編集新版《西田幾多郎全集》時，雖然曾經進行調查，但卻未能即時找到答案。後來細心查閱記錄西田所有藏書的《西田幾多郎全藏書目錄》（京都大學人文科學研究所）[1]，終於發現西田曾經購入《義大利畫家的生涯》一書。此書是瓦沙利（**Giorgio Vasari**，一五一一—一五七四）的手筆，原文是義大利語。瓦沙利本身不單是一名畫家和建築家，更以撰寫義大利藝術家的傳記而為人所認識。此書是瓦沙利名著《最優秀的畫家、雕塑家、建築家的生涯》（*Le vite de' più eccellenti pittori, scultori, e architettori da Cimabue insino a' tempi nostri*），通稱《藝術家列傳》，英譯選編本 *Lives of Italian Painter* 則於一八九二年出版。[2]

一如所料，在《藝術家列傳》中載有喬托的一章，當中談及羅馬教宗本篤十一世與喬托之間的故事。此事是在本篤九世（雖然原著談及本篤九世，但正確而言應是波尼法爵八世）[3]為了找尋繪畫聖彼得大教堂的畫家，向義大利優秀畫家們索取繪畫設計圖所致。瓦沙利曾言：「被委派選出設計的家臣……某天早上到訪喬托的辦公室，請求他提供一些設計給教宗作參考。由於心情愉悅，喬托便答應了。喬托拿了一張紙，在右腋處把右腕固定，以其作為圓規的軸心，手尖用力地把染了紅墨水的筆轉一轉，畫了一個圓形。所畫之圓形完整無缺，毫無偏差。」（參平川祐弘等譯的《文藝復興畫家傳》）

教宗的家臣心想自己被喬托愚弄，向他要求別的設計。喬托拒絕說：「這已經足夠了。」教宗的家臣不得不把這張圓形的畫和其他人的設計一同奉呈教宗。看到喬托的設計，教宗和教廷的大臣即時發現喬托是一位才華出眾的畫家，並邀請他為聖彼得大教堂繪畫基督的生涯。

藝術與主客合一的境界

喬托的故事雖然提及「甚麼是真正的善」，但西田卻認為「認識真正的自己」才是真正的善，更指只需要透過「主客合一的境界」便可達致。西田透過喬托的一則軼事，說明我們對名譽的欲望和技巧的執著亦可以完全自由地融入行為（駕輕就熟地繪畫）。

西田認為，喬托的行為說明了道德所追求的境界，並表示出一種「宗教道德美術的極致」。

西田在很早的時候已經表示，究極的藝術是建於一個融入行為本身的境界。在一九〇〇年（明治三十三年）所寫的一篇短文——〈美的說明〉中寫道，雖然美是給予快樂的一種東西，但它卻只能建立於一種「高尚和無我的境界」。[4]作為「一種解脫」，藝術與宗教擁有相同的性格。即使在《善之研究》亦可以看到同樣的藝術理解，並且透過喬托的故事得以證明。

流露內在生命的藝術

雖然在《善之研究》的時期，我們已經可以看到西田在主客合一中所表示的藝術究極狀態，但在一九二三年出版的《藝術與道德》中，西田進一步予以發揮，指出要以「內在生命」的表現來捕捉藝術。具體而言，西田是以「流露內在生命」，即一種表面化心底的動作，揭示當中的具體形態。另外，在《阿拉拉傑》[5]雜誌刊登的〈短歌〉（一九三三年）中，西田曾言：

> 我們的生命可以被視為一種如深層火山口噴出的巨大生命火焰。詩或歌是可以展現生命的表現和火焰。（十一：一六二）

文中所言的「巨大生命」，應該是指柏格森的生命概念。在《創造進化論》一書中（一九〇七年）[6]，柏格森一方面指出無數的有機體是作為其具體的媒介，另方面則視那種無限發展、連續的、創造的生命流轉為一個問題。（參本章頁七〇以下的「先驗的感情世界」一節）。

西田表示，由於每個人的生命是一個「巨大生命」，因此生命火焰所發的「光」就如詩歌。如前所述，如果哲學是一種內在生命之知的自覺，藝術是否可以說讓生命所發的光和光本身呢？詩歌是否可以作為光本身，存在於閃耀的瞬間呢？

島木赤彥的「寫生」

針對這種生命的光輝，我們或許可以用「寫生」一詞來表達詩歌的作用。

西田曾經承諾為短歌雜誌《阿拉拉傑》撰寫短文，原因是他和島木赤彥之間有一份深厚的交情。在一九二六年島木赤彥離世時，西田寫了一篇題為〈島木赤彥君〉的短文，刊載於《阿拉拉傑》。從這篇短文，我們可以得知西田是透過岩波茂雄認識赤彥。赤彥在那個時候為了查閱《萬葉集》的舊抄本而到訪京都大學。

因著這個機緣，西田開始跟赤彥聯繫起來。在赤彥出版其歌論《歌道小見》的時候，西田為其撰寫書評。雖然這個計畫最終無法實現，但西田在〈島木赤彥君〉一文中卻表示：「這是我近來看過的書中，令我感到愉快的其中一本。」[7]針對兩者的關係，原因可能是赤彥所言「寫生」與西田思想類似所致。

從以下一段在《歌道小見》的記述，我們可以得知赤彥有關「寫生」的基本思考。

「我們的心多是由於接觸到具體事物而產生感動的。感動的對象觸及我們的心而產生一種事象，從而產生一種互相接觸的狀態。它既是一種事象，亦是一種感動的狀態。當這種狀態，本然地呈現於詩歌時，感動本身便同時呈現於詩歌，當中的表現方式可被稱為寫生。」

作為一種文藝理論的「寫生」，它始於正岡子規，赤彥則受其影響。然而，兩者所言的「寫生」卻不盡相同。子規認為，寫生是一種「摹寫事實原樣」的繪畫模式，赤彥則指出，寫生雖然在某個意義上可以說是摹寫實際的原樣，但原樣並不是指一種經由表現者區分出來的事物形態，而應該是一種事物與感動合而為一的狀態。這種狀態是「直接」的，它不單是一種關乎對象的表述，亦是一種人類的生命表現。

針對這種「直接」的狀態，西田在〈島木赤彥君〉一文表示：「即使是寫生，它不單是摹寫事物的表面，更加是一種對生命的摹寫。兩者之間的異差非常明顯。真正的寫生必須是一種生命本身的表達及其形態的觀察。」[8]西田認為赤彥的「寫生」論，正是赤彥對短歌的看法。按照赤彥的理解，藝術是生命——一種事物與感動合而為一的狀態。我們由此看到生命本身的形態。在這一點上，西田與赤彥對藝術的看法是一致的。

狄爾泰的想像力理論

西田在《善之研究》出版後，雖然曾談及各式各樣的藝術論，但在《藝術與道德》一書中，不單指出藝術創作行為是建立於「主客合一境界」的經驗，並認為它是一種內在生命之表現。

西田在探求甚麼是藝術時，啟發是源自威廉．狄爾泰（Wilhelm Dilthey，一八三三—一九一一），特別是其想像力理論。狄爾泰是西田在日本介紹的眾多思想家中的其中一人。西田首次談及狄爾泰的思想，是在一篇刊登於《哲學雜誌》的論文——〈自然科學與歷史學〉（一九一三年）。在這篇文章出版之前，日本差不多未曾討論過狄爾泰的哲學。之後，當《狄爾泰著作集》的翻譯計畫推出時，西田在推薦文表示：「我早已對狄爾泰感興趣，赴任京都大學之時，狄爾泰的著作已經絕版，令我深感困惑。圖書館內只有那篇古舊的〈精神科學概論〉和一篇令我非常感動的短文——〈詩人的想像力與狂氣〉。」[9]

在一九二〇年出版的《意識的問題》和三年後出版的《藝術與道德》中，分別收錄了〈感情〉和〈美的本質〉兩篇文章，當中西田提到狄爾泰在〈詩人的想像力與狂氣〉（一八八六年）和〈詩人的想像力〉（一八八七年）論文中所表示的想像力及作為其基礎的感情。

西田所關注的是，狄爾泰將感情滿溢的感覺和表現等人類的精神活動，理解為一種自我轉化的能動作用。按照狄爾泰的分析，當意志不能壓抑非常緊張的感情時，感情本身會在自我之外表現自我和建構其自我形象。想像力所構成的，一般而言是藝術作品，但狄爾泰卻認為狂人和醉漢的幻象同樣亦包含這些特質。

作為建立意識基礎的感情

承接狄爾泰的觀點，西田不單視「感情」為所有精神現象的基礎，更將感情理解為一種能動作用。西田以「隱藏於人心深處的一種能動物質」視作「感情」，指出它不單是意識現象的一個領域，更加是支撐一切意識現象的基礎。西田在〈美的本質〉中曾言：

> 感情並不是精神現象，而是建立意識的基礎。我們的精神現象亦不等同於物質現象。如果視意思等同實在，作用與作用之間存在一種內在結合，其結合的狀態豈不是一種具體的感情，而結合的內涵又不是感情本身嗎？（三：一五—六）

西田在此嘗試重新思考作為意識「基礎」的「感情」，表示當中具有各式各樣意識作用的「匯點」，並且根據它來發揮意識作用。另外，西田表示知識亦不例外，因為知識成立的基礎就是一種「新感情的顯現」。

如前章所述，西田在《善之研究》中說明甚麼是「純粹經驗」時，除了指它為一種先於「主客對立」的經驗外，更表示它是一種「知情意」合一的經驗。西田認為，所有意識現象皆有知情意三個面向。在《意識的問題》和《藝術與道德》的著作中，西田指出「感情」就是一種最根本的意識表現。在〈感情〉之前所寫的論文〈象徵的真正意義〉中表示：

> 針對超越理論範疇的深邃人格，純粹藝術彰顯的無限，並且包含了一個豐富的先驗感情世界。（二：三三七）

先驗的感情世界

先驗是一個源自康德的哲學概念，意指一種先於我們的具體經驗。問題是：甚麼是一個「先驗的感情世界」呢？

針對這個問題，西田透過柏格森的《時間與自由意志》[10]一書作瞭解。柏格森在書中表示：「當我們聞到玫瑰花的氣味，馬上會想起年幼時的模糊記憶。事實上，這些回憶並不是由玫瑰花的氣味所致。反之，我們是從氣味本身喚起回憶，因為氣味對我而言才是整全。」

西田借用這個例子，說明「在情緒中，過去的記憶、現在的記憶和表現必定旋即合而為一」。（三：十九）對此，我們「是處於現在意識的深層，從而連繫超越現在深層意識的流轉。」（三：十九）

西田認為，在自覺意識的底部，往事就是一種保存生命且活生生的「意識之流」。它是一種由現存感覺和過去記憶所結合的「生命之流」。另外，各種視覺和嗅覺的作用就是一種內在結合。正如我們直接連繫他者一樣，它是一個「自他分化前的自我」。西田以「先驗的感情」來表達這種「意識之流」。另外，西田所指的「內在生命」，無疑就是一種與「先驗感情」的結合。

作為感情表現的藝術

根據西田的理解，藝術的創作活動是一種「先驗感情」的表現。西田在〈美的本質〉一文中表示：

> 感覺的內容不單是一種美。顏色作為區分顏色本身是一種純粹作用，在絕對意志和人格的立場上，兩者直接連繫時，亦即當我們返回純粹視覺之際，顏色馬上獲得生命，並且變成一種生動的顏色和藝術的對象。當我們全身變成眼睛和耳朵時，感情移入事物。它作為一種表現，藝術活動隨之而來。（三：一六—七）

站在「絕對意志」和「純粹視覺」的立場，意識深層中的「感情」被移至（被反映）事物之中，此時顏色隨之變為一種「生動的顏色」或被生命所充滿。這種被生命所充滿的「藝術對象」，馬上驅動我們的手。這就是一種藝術的創造作用。

西田重視藝術的創造作用，認為「感情」能超越知識範疇，是知性所不能的。西田曾言，「感情含有一種不可分析的深邃內容」，我們只能透過「與感情一起活動」才可把握。藝術就是一種根據「感情」而產生的活動，一種將感情對象化的活動。

費特拿的藝術論[11]

剛才引文中提到,「當我們返回純粹視覺之際,顏色馬上獲得生命,並且變成一種生動的顏色和藝術的對象。」當中的「純粹視覺」其實是來自康拉度.費特拿(Konrad Fiedler,一八四一—一八九五)的藝術理論。如上所述,西田認同狄爾泰的思想,並且將他引進日本。而另一位被西田引介的思想家就是費特拿。費特拿是一名在野的研究者,對建立德國現代藝術理論甚具影響力。另外,他對美術史研究和藝術家,例如前衛的保羅.克利(Paul Klee,一八七九—一九四〇)[12]等包浩斯[13]的藝術家亦影響甚大。

西田轉任京大後,論及大量思想家的文章,當中包括費特拿的著作《藝術活動的根源》(一八八七年)。時為《善之研究》出版後一年的一九一二年。由於這本著作對西田的藝術觀影響甚大,因此我們會對它稍作分析。順帶一提的是,費特拿的藝術理論不單對西田,其弟子三木清、木村素衛、植田壽藏等亦深受影響,並且有所繼承。如果說費特拿是形成日本藝術學和美學的一個軸心,恐怕亦非過譽。西田對費特拿的關注可以說是當中的催化劑。

作為「純粹觀看」的藝術

按照費特拿所言，現實不是先於知覺和思維。在我們的意識中，現實總是不停變化和流轉，從來沒有固定的形態。這種被視為「沒有終結的遊戲」現實世界，當中包含兩種方法。其一是根據語言，其二是在視覺中所獲得的。

首先，語言持有一種很大的力量，就是在變化之中給予不明確的現實一種明確的形態。可是，它同時對現實產生了一種決定性的變化。在原本不斷生成、消滅和「構成嶄新、完全不同形態的現實」之間，存在一種不可超越的間距。

第二條路就是透過視覺所獲得的方法。根據這個方法，我們可以避免變化，並停留在變化之中。我們以肉眼所捕捉的事物，很快便會消失。可是，如果我們能避免所有概念和感覺（觸覺和聽覺），全力集中在視覺器官而徹底地「純粹觀看」，相對於眼睛向意識所提供的，它可以產生出一些高度發展的可能性。具體而言，眼睛是人類身體的外在機能，並且讓手部活動起來。

當身體（手）進行活動時，它並非只是一種重現由眼睛所致的活動，更加帶出一種在觀看時並不存在的新事物。相對於眼睛的活動，手所描繪的東西雖然有所限制，但卻可以給予眼睛一個清晰的形象。在這個意義上，即使是一幅如何幼稚的畫，它都可以凌駕眼睛所觀看的。

換句話說，藝術家的繪畫和創作活動，就是超越眼睛所能做的。這種視覺過程中的發展就是費特拿藝術理論的基礎。針對藝術家能讓知覺構成表現這一點，費特拿認同他們具有一種獨特的能力。

作為創造體系的經驗

針對上述的費特拿藝術論，西田在《自覺中的直覺與反省》一書中表示：

> 作為視覺作用發展的藝術家活動，當中的表現構成了藝術作品。費特拿認為，在視覺上變得純正時，我們馬上感到一種視覺表象的發展可能性，並且親自移向一種表現作用。……我認為這些人的藝術直觀，就是所有經驗的真相。……我認為所有經驗皆是建立於上述的方式，實在就如這個創造的體系。（二：九五—六）

西田借用費特拿的藝術論，指出所有經驗和實在皆是自我本身所具有的發展潛力，並從而展開自我。即是說，西田視費特拿的藝術論為一個「創造的體系」。

費特拿認為，只有藝術創作才是一個創造的體系，當中的藝術活動持有一種獨特性。西田認為，所有感覺，例如觀看、聆聽等知覺作用，以至所有可能的經驗，並不只是一種「被動作用」，而是一種「無限的發展」。我們可以說，西田借用了費特拿的藝術論，試圖把握和闡釋所有實在。

透過費特拿的藝術論，西田對「經驗」的理解愈見豐富。在《善之研究》中，「經驗」的重點是置於主客合一或知情意合一。但在《藝術與道德》一書中，「經驗」則被視為具有一種創造之特性。西田認為，一個沒有反省的自我，可見於「深邃生命的內容」本身所表現的自己和客觀化過程之中。藝術可以說是這種經驗的典型例子。

西田善於書法一事廣為人知。在〈書的美〉一文中，西田表示書法和音樂作為一種「自由生命節奏的發現」[13]，具有很大的價值。透過直接和具體形式所表現的「生命之躍動」，我們可以發現藝術的獨有價值。

譯註

1 山下正男編，《西田幾多郎全藏書目錄》（京都：京都大學人文科學研究所，一九八三）。

2 此書中三篇傳記的中文版可見瓦沙利著、黃翰荻譯，《文藝復興的奇葩：拉菲爾、米蓋蘭基羅、達文西三位傳記》（台北：志文，一九七九）。西田購買的是英文版。

3 喬托生卒年為一二六六／七一－一三三七年，波尼法爵八世（Pope Boniface VIII，又作博義八世）之教宗任期為一二九四－一三〇三年，是喬托的贊助人之一。由於西田誤讀 Benedict IX（本篤九世）為 Benedict XI（本篤十一世），因此出現了本篤十一世的記述。另外，根據平川祐弘等譯的《ルネサンス画人伝》（《文藝復興畫家傳》；東京：白水社，一九八二），向喬托提出請求的是波尼法爵八世，而非本篤九世。

4 《西田幾多郎全集》第十一卷，頁五八。

5 《阿拉拉傑》（アララギ）是在日本具代表性的短歌雜誌，於一九〇八年創刊。

6 日譯本的書名為《創造的進化》，真方敬道譯（東京：岩波書店，一九六八）。

7 《西田幾多郎全集》第十一卷，頁二三五。

8 同前註，頁二三五－二三六。

9 同前註，頁三一九。

10 原書名 *Essai sur les données immédiates de la conscience*。此處出自《世界の大思想》第三十一卷，《ベルグソン：時間と自由・創造的進化》，中村二郎等譯（東京：河出書房新社，一九六九），頁八五。

11 費特拿是一位德國的美學和藝術學家。

12 保羅・克利是一位德國籍的瑞士裔畫家。

13 包浩斯（Bauhaus），一所德國著名的藝術和建築學校。

14《西田幾多郎全集》第七卷，頁三三二。

第四章

邁向理論化：場所

京都的哲學之道，據說是由於西田幾多郎等哲學家經常在此漫步而被命名。

京大講義

西田幾多郎在一九一〇年至一九二八年的十八年間，於京都大學從事教研。西田是一位怎樣的老師呢？他開了甚麼課、又教過哪些學生？有關西田的課堂，當中流傳了一段有趣的故事。

西田的一名弟子，及後作為一名法國哲學專家而聞名的澤瀉久敬，他在一篇文章中記述了以下的一段回憶：「曾經有一次發生了這樣的事。好像平時一樣，老師如熊一樣在教壇上一邊踱步一邊講課。有一天，老師於授課期間停下來，沉默了一段時間作思考。及後，老師突然開口說：『不明白！』課堂就此終結，老師亦回家去了。我們當時作為學生感到茫然、不是，是愕然。相比老師，我們的心情更加沉重。我們亦被『不明白』一語所感動而離開了教室。」[1]

授課途中離開課室無疑是一件驚訝的事。學生感動於西田所言的「不明白！」一語，就令我們更加驚訝。在今時今日而言，這種事情是無法想像的。但對西田而言，課堂卻是一個認真思考的地方。否則，學生對「不明白」所產生的感動是完全不能理解的。

視課堂為一個思考的現場，同樣是非常令人費解。本章選取的「場所」問題，雖然是西田本身（一九二六年）的思考，但正如西田的弟子下村寅太郎在日記中所記載：「是難解還是疲累，我不甚明白。」[2]如果像下村這樣的秀才也不明白，我們可以想像其他學生更難理解西田的思考。相對於這段在六月份的記述，下村在暑假後的九月二十五日，寫了一段更加耐人尋味的文字：「今天的特講（特殊講義），西田老師氣宇軒昂、甚具戰意。"Platz"——老師認為它是西方哲學家並未發現的。這豈不是老師的創見？」[3]

有關「場所」思想的詳細論考，可見於一九二六年六月，西田在雜誌《哲學研究》發表的論文〈場所〉。在這個階段，西田還沒有在課堂中談及場所思想。直至同年九月新學期的開始，西田才對學生詳細講述「場所」。下村的日記充分表達了當時西田的高昂意志。即使是經常瞌睡的學生，他們亦清楚記得西田好像是講了一些嶄新的思考。

從新康德學派所獲得的「反省」

西田是花了很長時間才達致「場所」思想的。

轉職京大不久，西田所獲得和對他往後思想極具意義的，就是一個能貼近瞭解歐洲學界動向的環境。在這個環境下，西田有何所得？其中一個重要的線索就是本書第二章所引用的《思索與體驗》一書中的一段文字：「來到京都後，影響吾人思想的，包括里克特等所謂純論理派的主張和柏格森的純粹持續。由於對後者所產生的同感和根據前者所獲得的反省，吾人獲益匪淺。」[4]

我們雖然曾談及西田認同柏格森的哲學，但新康德學派的哲學同樣對西田產生重大影響。對此，西田重新審視《善之研究》的「純粹經驗」，繼而開拓新思維。

在一九三七年《善之研究》的新版面世時，西田寫了一篇題為〈改版之際〉的序。文中回顧了二十一年前出版這本書的內容：「從今天來看，此書的立場是意識，更可以說是一種心理主義。因此，即使被批評也沒法子。」[5]從這一段引文，我們可以看到新康德學派哲學家對西田的影響。

心理主義的批評

西田不是在撰寫〈場所〉一文的階段，而是在更早時期便意識到有關心理主義的批評。在《善之研究》一書出版的一九一一年，西田發表了〈從知識論看純論理派的主張〉一文。西田在文中批評新康德學派，特別是里克特等屬於西南學派的人和一九〇〇年胡塞爾的《理論學研究》出版後，一群名為「純理論學」等學者所主張的「心理主義」。

簡單而言，心理主義是指一種建基於經驗和具體時間中所經驗的真理性質及其標準。「純理論派」批評心理主義是一種經驗事實或意識現象，指它不能決定某種認知是否可以視為真理。西田批評這種心理主義，指出真理必須是建基於超越個人意識的一種普遍性。

「純理論派」的批評，一種試圖解構以經驗和時間為準的知識論，就是針對《善之研究》中所提出，意識現象是唯一的實在的見解。西田非常重視這種批評，（並在回應的同時）在思考上開展了一個新階段。

邁向「場所」的轉化

西田雖然意識到剔除「經驗」的心理主義色彩是一個巨大的議題，但真正解決這個難題是在《善之研究》面世十六年後所出版的《從動作到見》一書。

西田在《善之研究》〈改版之際〉的序中，描述了當中的過程：

由純粹經驗到「自覺的直觀與反省」，再經由費希特的事行概念到絕對意志。進一步就是在《從動作到見》一書的後半，透過希臘哲學一轉而至「場所」。吾人的思想在此獲得理論化的端倪。（一：三）

從「一轉而至『場所』」一句來看，西田的思考產生了很大的變化。

針對這個變化，西田在《從動作到見》的〈序〉指出：「我想我找到了一個長期潛伏於吾人思考深處的東西了。」[6]另外，西田對當時留學德國海德堡大學的弟子務台理作更積極地表示：「根據它[7]，我感到自己好像到達了一個終極的立場。透過這個立場，我嘗試全面 reconstruct［重構］吾人的思考。」[8]

西田往後雖然以不同的方式開展其思想，但我們從以上的引文清楚看到，在場所這個階段，西田至少意識到自己已經把握了將其思想系統化的核心。

甚麼是「場所」？

西田所言的「場所」究竟是甚麼呢？

在探討「場所」之時，我們必須先釐清它與「純粹經驗」的關係。剛才引文中提及的「一轉」，表示出「純粹經驗」與「場所」之間出現了一個很大的思想變化，但這個變化並不意謂兩者之間是斷絕的。西田雖曾形容「純粹經驗」論就如一顆消失的流星，但事實卻非如此。從根本而言，西田一輩子都未曾改變以一種直接和最具體事物出發的立場。

在《從動作到見》的第一篇論文〈直接被給予的東西〉中，西田表示：

真正給予直接經驗或純粹經驗的，……必須包含一種無限的內容。當我們一步一步踏進這個深淵，便會發現那個被賦予的現實。從主觀而言，這個現實不能是對象化的自我；從客觀而言，這個現實則不能是一種透過全力反省而獲得的直接所與。當中包含一種主客合一的直觀、純粹活動的意識和所有知識的基礎。（三：二七二）

這段文字清楚表示了「被賦予的現實」——那個西田希望處理的「純粹經驗」問題。「純粹經驗」在這裡被重新把握為「不能被對象化的自我」或「不能透過全力反省而獲得的直接所與」。正因如此，由〈場所〉論文至《從動作到見》一書的各篇論文中，「被賦予的現實」被稱為「場所」。例如它被指為「我……不是一個點，而是一個圓形；我不是一個事物，而是場所」。

理論化的課題

為甚麼「我」或不能全力反省的自我會被稱為「場所」呢？

針對這一點，我們將嘗試窺探西田建構「場所」思想的過程。

在《善之研究》以降，西田一直嘗試克服心理主義。西田在《善之研究》〈改版之際〉的序中曾言，透過「場所」思想，「吾人獲得了將思想理論化的端倪」。從這一點來看，西田嘗試將其思想「理論化」，從而克服心理主義。

對西田而言，「理論化」是一種直接賦予我們的現實。它不單是一種實在，更同時清楚交代我們的知識是如何被建立的。西田意識到要透過直接經驗與判斷（命題）形式，明確交代它們如何連繫概念性的知識。

針對這個問題，希臘哲學是一個重要的切入點。西田反覆指出，亞里士多德（Aristotle）的基體（*ὑποκείμενον*）概念可以使其思想理論化。

亞里士多德的「基體」概念

亞里士多德將實體、即真實的存在物分為本質、一般、類、基體四類。在真正意義下，基體作為實體，即亞里士多德所言的「第一種實體」。其他三類則屬於「第二種實體」。亞里士多德在《範疇篇》中把基體定義為「一個不會變成其他主語的述語，並且在其他主語中亦不存在。即是說，例如這個人、這頭馬是指一件個別的事物」。[9]亞里士多德所言的基體，正是被稱為這個特定的個別事物。

西田注意到亞里士多德有關基體的定義，即主語不能成為述語這一點。西田認為，這個定義是有助說明現實與概念知識的關係，即一種不能透過反省而獲得的直接所與。可是，西田並非欣然接受亞里士多德的見解。在〈內部知覺〉一文中表示：

基體作為主語而不能成為述語，它就必須是一種無限述語之統一。即是說，它必須是一種統一無限的判斷。要統一多種判斷，那就必須是一種判斷以上的東西。我們的判斷作用雖然無限地朝向這種判斷以上的東西，但它卻又必須是不能達致的判斷以上的對象。我認為它是一種直覺。（三：三二七）

西田表示，作為個別事物（個體）的基礎，它就是一種「非合理東西的直覺」。在判斷的基礎上，判斷總是不能到達「非合理東西的直覺」。西田認為，個體是經由「概念化」直覺才首次變得可能。

「述語不可變成主語」

與此同時，西田亦重新審視那個超越判斷的直覺。西田雖然最初是根據亞里士多德的觀點，指出「主語決定方向」，但後來卻得出方向是被述語所決定的結論。當中的原因就是西田留意到判斷的融攝構造。

「A是B」的這個判斷，例如蘋果是水果意指蘋果被水果所融攝。從根本而言，判斷可以是說一種主語和述語或特殊與一般[10]的融攝關係。

如果將這個融攝關係一直向述語方面推進，最後便是一個無限大的述語，即西田所言的「超越的述語面」。西田認為，這個「超越的述語面」，不單是「無限述語的統一」，更加是一個超越所有判斷的基礎。

從這樣來看，西田對亞里士多德所主張的「主語不會變成述語」的「基體」作出徹底的修正。西田指出，亞里士多德的見解反過來應該改為「述語是不會變成主語」。透過這個逆轉，西田的場所論得以成立。

無的場所

為何那個不能透過反省而獲得的自我可以稱為「場所」呢？原因就是自我不可以被視為一個對象和概念。西田曾言：

> 這個東西（真我）既不能是相同的、亦不能是迥異的。它既不能說是有，亦不能說是無。它不能被所謂的理論形式所限制。反之，它是一個讓理論形式成立的場所。（三：四一九）

西田的基本想法是，那個不能透過反省而獲得的「真我」，並不能以有和無的理論所規定。反之，讓規定變得可能的是場所。換句話說，「真我」不是知識的具體內容，而是一個知識成立的場所。「真我」總不能被規定為有，而只能被視為一個「場所」。西田特別以「只是一個場所」來表示。

從有所區別的無，固然不是透過一套理論所規定。作為理論所規定的無，它是一種有。當西田以「無」來形容場所時，其意思不是指涉一種相對於有的無。它是一種「包含有無」、「超越有無對立和一種成立於其內部的東西」。即是說，它本身超越一切可能的規定，一方面是「無」，另一方面則是讓「有無的對立」得以成立。在這個意義上，「場所」則可以說是一個「無的場所」。

自覺

這個超越一切可能判斷的直覺的無，如何與判斷連繫呢？西田嘗試透過「自覺」的概念加以說明。

在《在自覺中的直觀與反省》一書中，西田曾詳論「自覺」。當中涉及新康德學派的思想，指出我們的思考活動不能單純納入「純粹經驗」。西田強調，直接經驗（直觀）是唯一的實在，問題是它如何與思維和反省能夠合而為一。

對此，西田的關注就是「自覺」。「自覺」作為一種自我反省，本身亦持有一種直觀的性格。「在自我之中映照的自我」（反省）本身（如純粹經驗）就是一種無限和能動的發展。在《在自覺中的直觀與反省》一書中，西田表示實在是持有這種性格。

針對「自覺」，西田在《從動作到見》一書中表示，從根本而言，自我（真我）就是一個「在自我之中映照的自我」。意思並不是指自我反省自我，因為自我本身是無，它沒有任何形狀。自我作為一個有形的東西，投射於自我之中。

在自我之中映照自我的鏡

「無的場所」不只是無，更加是指在自我之中投射自我。這個被投射的場所，正是自我本身。西田認為，「映照自我內容的鏡必須同樣是自我本身，並且不是一個反映於事物的影子。」

「場所」在此被喻為一面鏡。一般而言，自我映照的形態和鏡是兩種不同的東西。可是，西田認為自我的映照和被映照的場所是合而為一的，其整體就是一面鏡。以「無」為鏡是指它在自身之中作為一種有形的東西投射自我，在《從動作到見》一書中被稱為「自覺」。

另外，透過「自覺」而被投射的有形之物是一種「判斷」和「知識」。西田在〈場所〉一文出版後，寫了一文題為〈應答左右田博士〉的文章，當中表示：

> 當融攝判斷的述語面被視為一個述語而不可變成主語時，這就是我所認為的場所（的）意識面。對此，我們可以說是認知。針對〈場所〉一文，我認為已到達了吾人的終極思考。（三：四九九）

在此我們可以清楚看到，西田的場所論是嘗試賦予知識一個基礎，一個在純粹經驗中未曾出現的嶄新概念。

從「動作」到「見」

如《從動作到見》的書名所示，「見」變成一個關鍵詞，並且被視為一種「直觀」。西田所言為何？「從動作到見」又有何所指？

在《從動作到見》的〈序〉中，西田認為「場所」思想是一種從主觀主義到直觀主義的轉變。我們可以從「從動作到見」一語得知。

在《從動作到見》的第一篇論文〈直接被賦予的東西〉中，西田承接《自覺的直觀與反省》一書的論述，將重點置於意志。在文章中，自覺被視為一種「意志的體驗」，而「活動的我」則被指涉為「真我」。在書中的第二篇論文〈直觀與意志〉中，「直觀」即被作為一個主題。然而，西田在這裡並沒有將「直觀」視為一種觀看或映照，而是以它為一種「精神來發展自我本身」。西田在這個階段的基本思考，就是將直觀視為一種可以「在意志的形態中被理解」的概念。

這個被賦予積極意義的「見」是出現於西田談論亞里士多德的「基體」概念之後。

對西田而言，在動作背後的「不動之物」，即超越意志的直覺，就是透過「在自我之中映照的自我」而被把握。

「見」是一種直覺，一個在「自我之中映照的自我」的「無的場所」。西田在《從動作到見》的〈序〉中表示：「我主張的直觀……是指觀看自我之中映照自我所出現的一個影子，它把所有動作本身變為無。」[11] 按照西田的理解，有是「無的場所」在自我本身之中所投射的形態（影子）。

西田場所論的意義

場所思想不單是西田本身的哲學，在哲學史上意義更加重大。關於這一點，筆者會在本章的最後部分詳論。

根據一種康德的典型詮釋，近代哲學是人類透過認知，透過「主觀」而賦予世界（存在物的整體）一種基礎。在行為和實踐的層面，存在物（客觀或客體）是一種建基於自我意志，一種關乎自由的存在。換言之，存在物是一個「主體」。自我是萬物的基礎。

這種關乎人類的理解支撐了近代科技文明，成效卓然。然而，這種理解亦導致自然和人類論為一種被操作和利用的對象。

西田以「場所」作為自我，明顯在根本上是以一種異於現代人觀的方法來理解人類。按照西田的分析，我們的認知和行為並不是事物的基礎，反而是透過「場所」所產生的。在這個意義下，西田的場所論可以說是從根本反思現代的人觀。

進一步而言，當西田以「無」指涉場所時，明顯是意圖反思以「存在」為中心的西方哲學，一種建基於「實體」概念的存有論。這就好像亞里士多德的典型詮釋，在整體上以存在作為一種存在來思考。

無疑，在西方哲學中，「無」並非全然被否定。例如沙特在《存在與虛無》（一九四三年）一書中，便積極把「非存在」或「無」置於存在。可是，沙特最終仍然把存在置於一個較優越的位置（例如非存在只存在於存在的表面）。

如本章所見，西田的思想是嘗試從「無的場所」來思考存在的意義。在這個意義下，西田試圖從根本反思西方的存有論。針對以存在作為起點和觀看萬物的一種方法，西田明顯是嘗試進行一個根本的反思。

譯註

1 澤瀉久敬，《わが師わが友——その思想と生き方》（東京：経済往来社，一九八四），頁三五。

2 竹田篤司，《物語「京都学派」——知識人たちの友情と葛藤》（東京：中央公論社〔中公叢書〕，二〇〇一），頁七四。

3 同前註，頁七四。

4《西田幾多郎全集》第一卷，頁一六六。

5 同前註，頁三。

6《西田幾多郎全集》第三卷（東京：岩波書店，二〇〇三），頁二五五。

7 這裡是指場所的思想。

8《西田幾多郎全集》第二十卷，頁一六九。

9 アリストテレス，《カテゴリー論》，《アリストテレス全集》第一卷，山本光雄等《カテゴリー論・命題論》（東京：岩波書店，一九七一），頁七。

10 特殊與一般或許可以譯作殊相與共相。譯者保留特殊與一般二語，不單是希望盡量呈現西田哲學用語的獨特性，更嘗試避免在概念上與殊相與共相產生不必要的混淆。

11《西田幾多郎全集》第三卷，頁二五五。

第五章

超越批判：世界與歷史

書齋「骨清窟」一名是根據禪僧寂室的詩而來。現今已自京都移建至西田的故鄉（石川縣河北市，舊加賀國河北郡森村）。

作為原動力的批評

在〈場所〉論文（一九二六年）出版的同一年，左右田喜一郎在雜誌《哲學研究》發表了一篇題為〈西田哲學的方法：向西田博士討教〉的論文。我們在上一章提到西田寫信給務台理作，信中曾引用〈場所〉一文：「我感到自己好像到達了一種終極的立場。」左右田同意西田這個自我評價，並且以西田的名字稱呼其學說為「西田哲學」。左右田一方面認同西田哲學的意義，另方面則從新康德學派的立場，毫不留情地批評西田哲學。

除了左右田，西田同樣受到很多人，例如採取馬克思主義立場的戶坂潤等一眾弟子，還有繼任京大哲學講座田邊元的批評。西田雖然透過「場所」確立了自己的思想，但同時卻受到不少批評。

如第一章所見，西田在絕筆〈有關我的理論〉一文中表示：「我的理論可以說從未被學界所理解。不是，就連看一眼也沒有。」[1]，在日本哲學史上，我們實在找不到另一個像西田一樣備受批評的例子。這一點足證西田思想的存在意義。從另一個角度看，其他思想家的論考則扮演了一個確立西田哲學位置的角色。

西田正面接受批評，並以此化成一種發展其思想的原動力。正因如此，西田思想的發展愈來愈豐富。換言之，批評可以說是促成西田思想發展的強大動力，並且引起我們的關注。

西田的京大同事，美學學者深田康算不時表示：「西田這個人身上具有很多動物精氣。」[2]我們雖然並不瞭解，深田在甚麼意義上使用笛卡兒所關注的動物精氣（esprits animaux），但我們或許可以視它為一種促成西田思想發展的能量。

絕對無

不論是戶坂還是田邊，他們的批評都涉及西田《從動作到見》、《一般者的自覺體系》（一九三〇年）和《無的自覺限定》（一九三二年）書中談及的「絕對無」。

如上一章所見，西田探索「場所」的動機是在於建立其思想理論。對此，西田盡量避免將「場所」與宗教的體驗連繫起來。可是，在《一般者的自覺體系》和《無的自覺限定》中，西田卻透過一種作為宗教意識的「絕對無的場所」來說明「甚麼是場所」。

在上一章，我們看到西田是從述語的方向思考主語與述語、特殊與一般的融攝關係，並且指出最終出現的「意識層」就是「場所」。另外，西田指出，「真正無的場所」是建於有無的對立之中。在〈叡知的世界〉（一九二八年）一文中，西田表示這種「真正無的場所」是一種「透過身心脫落，與絕對無的意識合而為一」[3]的宗教意識。在《一般者的自覺體系》的〈總論〉中，西田表示，「真正無的場所」是一種「沒有能見與所見，色即是空空即是色的宗教體驗」。[5]

西田在解釋甚麼是「場所」時，不論「心身（身心）脫落」（身心脫離一切束縛，繼而進入覺悟的境界），還是「色即是空空即是色」（存在的原樣是空，而非存在本身，在空的原樣裡，存在是一種有形之物），兩者皆是禪佛教經常使用的表達方式和體驗。

可是，西田曾清楚表示，宗教體驗的內容並不是其關注的議題。例如，他曾經表示「宗教體驗是宗教家獨有的」。從哲學的立場來看，西田關心的是「絕對無的場所」與知識成立的關係。西田認為，「絕對無的場所」不單是無，更是一面「在自己中映照自己的鏡子」。當中的「映照」就是成立知識的一種根據。在這個時期，西田明確表示「知識成立的基礎」與宗教體驗有所關連。

戶坂潤的批判

在一九二九年（昭和四年），西田曾經寫了一段「此時馬克思主義者經常來訪討論馬克思」的文字，並且作了一首寫有「直至深夜一邊討論馬克思，並與馬克思共寢」的歌。來訪西田家的恐怕是指戶坂潤、中井正一、梯明秀等人，他們（與西田）一起討論馬克思主義至深夜。在《一般者的自覺體系》和《無的自覺限定》執筆期間，西田非常關注馬克思主義的思想，並且曾經參加以河上肇為軸心的研究會，在經濟系圖書館借了有關馬克思、恩格斯的書籍。在以上兩本書的論文中，西田逐漸談及馬克思主義或唯物史觀。

在這個時期，西田開始就馬克思主義發表意見。與此同時，馬克思主義那邊亦對西田哲學進行批判。戶坂潤的批評屬最早期。例如在一九三二年，戶坂發表了〈京都學派的哲學〉一文（收錄於《經濟往來》）[5]，並且在翌年寫了〈「無的理論」是理論嗎？〉（收錄於《唯物論研究》）。[6]在這些文章中，戶坂展開了對西田哲學的批判。特別是後者，戶坂批評西田哲學並不觸及社會和歷史，而只集中討論概念和相關的意識問題。戶坂更加批評「無的理論不是一種理論。它未能思考存在本身，而只流於一種存在的『理論意義』」。（《戶坂潤全集》第二卷，頁三四七）[7]

西田沒有忽視這樣的批評，並且嘗試從正面回應。西田在讀畢戶坂的文章後，不久給戶坂寫了一封信：「我至今所寫的文章，不能被視為解釋學嗎？我還沒有以praxis（實踐）為軸心來展現吾人的思考。……馬克思主義是einseitig（單方面）的，它有不徹底的地方。然而，我亦希望能充分瞭解馬克思主義者的論述和攝取應該學習的地方。」[8]

田邊元的辯證法研究

田邊元亦曾與馬克思主義立場的弟子進行過徹夜的討論。田邊由晉升教授的一九二七年開始至一九三一年期間，從原來的康德研究轉至黑格爾的辯證，並於一九三二年出版了《黑格爾哲學與辯證法》一書。

針對這種研究上的轉向，田邊曾經表示：「蘇聯革命後，無產階級世界革命運動的洶湧波濤襲擊我國。馬克思主義者的理論鬥爭動搖了學界，從事思想學問的人多少亦受其刺激。」（《康德的目的論》〈再版序〉）[9]

在探求甚麼是辯證法的過程中，田邊同時意識到西田哲學的不足。在一九三〇年，田邊於雜誌《哲學研究》發表了一篇題為〈向西田老師討教〉的文章，從此便展開了他對西田哲學的批判。

論文的題目雖然非常謙厚，但內容卻對《一般者的自覺體系》中所開展的思想作出嚴厲的批判。我們在第一章雖然曾經介紹過弟子中井正一就這個批判的回應，但田邊對西田的批判令周邊的人，特別是西田和田邊的弟子帶來不可預計的衝擊。

田邊的西田哲學批判

田邊對西田最大的批判，就是針對西田有關存在的理解。西田從「絕對無的自覺」的宗教體驗出發，以此作為一個哲學原理和理解所有的存在。換言之，西田哲學陷入了新柏拉圖主義的代表性思想家普羅提諾（Plotinus，二〇四—二七〇）主張之哲學發出論的困境。

按照普羅提諾的典型詮釋，發出論是指一個根據絕對存在（一者）的「流出」而產生萬物的立場。田邊質疑，這種以絕對存在為前提的論述，豈不是一種對哲學的否定嗎？即使作為建立絕對的東西，哲學並不是一種所予，而是一種所求。換句話說，哲學不是建立於一種理念的追求嗎？

田邊進一步指出，西田忽視了現實和現實之中的非合理性。犯罪和民族之間的對立等，在社會裡存在各式各樣非合理或反價值的東西。從絕對無的自覺來看，這些非合理性是一個自覺不足的問題，並且毫無意義。可是，如果只認為現實中的非合理性是一個自覺不足的問題，這恐怕不能成為一個真正的解決（方式）。

西田雖然沒有直接回答這些批評，但卻在寫給弟子務台理作的信中，表示非常認真面對田邊的批評。「田邊君的論文，正好是我期望學界應有的真摯態度。否則，我想我國的學問是不會有所進步的。……雖然這並不表示我今後一定會回應田邊君的批評，但我會逐步將自己的想法，更加清楚地寫出來。」[10]

行為與歷史的問題

在《一般者的自覺體系》、《無的自覺限定》以降的著作中，西田積極處理行為、身體，社會、歷史世界，以至當中的非合理性等議題，從而回應戶坂和田邊的批評。

例如在上述的〈叡知的世界〉一文中，西田關注到行為的意義。西田表示，我們透過行為超越「意識」，並在外在世界表現自我。透過這個自我，我們更加深入瞭解自我，讓更深邃的自覺得以實現。自覺不單是根據意識來反思自我，真實是透過行為而得以成立。從這一點來看，西田嘗試將作為行為存在的自我，即「行為的自我」置於人類存在的基礎。

另外，針對行為問題所關聯的「歷史」問題，西田開始關注當中的非合理性。在〈一般者的自我限定〉（一九二九年）一文中，西田表示歷史是透過行為，從內到外實現自我，並透過行為自我的「自我限定」而呈現自我本身。歷史通過刺激行動者，並且作為一種「不能反省自我」的表現，首次呈現出當中所含的非合理性。它不是透過理性原理保持其統一性。西田是以這個方式展開對歷史的理解。

歷史在這裡雖然被強調為一種「行為的自我的活動」，但在收錄於《無的自覺限定》一書的〈我與你〉（一九三二年）一文中，歷史則被視為是透過個物（個人的自我）和環境（社會）的互相限定而成立。由個物與環境互相限定而產生的「辯證法過程」，當中的「歷史世界」可以說已經備受西田所關注。西田的思考得以日益擴展，戶坂和田邊的批評實不容忽視。

從自己到世界

從歷時的角度看，我們可以發現西田的思考存在連續性和轉化兩方面。雖然西田的一貫態度是從根本的立場思考，但如《善之研究》中的〈改版之際〉所示，西田的思考亦存在一個巨大變化。如果以前期和後期作區分，當中的變化大概是指從「意識」或「自我」轉至「世界」。

這個轉變雖然是始於文章〈我和你〉，但西田在《哲學的根本問題　續編》（一九三四年）的序文曾言：〈我和你〉仍然難免從個人的自我觀看世界。西田對「世界」的關注，可以說是始於收錄在《哲學的根本問題》（一九三三年）的多篇論文。

例如在〈形而上學序論〉一文，我們可以清楚看到：

最具體的真實應該是個物與個物互相限定的現實世界，一種絕對相反的自我同一和一種辯證的自我限定。換句話說，它是一個辯證法的實在。我們的人格行動世界，就是一個最具體的真實境界。（六：五〇）

此處無疑不是指「意識現象」，而是「現實世界」。換言之，一個「包含人格行動和人格的行動世界」才是真正的實在。另外，在《哲學的根本問題　續編》中的〈現實世界的理論構造〉一文中，後期西田思想中的「理論構造」已經展開了。

世界中的自我

我們必須留意一點，就是後期西田對「世界」的關注，絕非是在否定行為或一種行為的個物。正如〈人格的行動世界〉一文所示，西田重視行為。他在〈現實世界的理論構造〉一文表示：

> 甚麼是現實世界？現實世界不單是對我們而言，更加是一個生死的世界。從古到今，哲學被視為不能脫離主觀主義，並且將對象作為實在，因為我們只從外面觀看世界。真正的現實世界必須是一個包含我們的世界。我們必須活在這個行為的世界。問題只是世界的理論構造究竟是怎樣的呢？（六：一七二）

我們可以清楚看到，西田對「真正現實世界」的關注，不單是「能觀」，即一個作為認識主體的自我，而是在現實世界中的活動，並且與行為的自我合而為一。我們不「單是一雙觀看的眼睛」，從外面眺望世界，而是一種與事物持有必然關係的存在。我們透過身體產生行為，對此，後期西田以「行為的直觀」來表示這種自我的存在方式。雖然我們逐後會分析「行為的直觀」，但此處我們可以清楚看到，後期西田批評「主觀主義」，一種單以主觀認識來把握人類，並且透過人類與世界對立而把握對象的立場。

社會和歷史的世界

另外，西田認為現實世界並不限於行為的「自我」。從根本而言，「我們必須從行為的自我說明現實世界，並且清楚解釋作為自我限定本身的生死世界」（六：一三六）。對西田而言，「現實世界」是一個很大的議題。

現實世界無疑是我們人格行為的世界，一個我和你的相對化和互相限定的世界。可是，在〈我和世界〉（一九三三年）一文出版以後，西田更加關心那個作為互相限定的基礎。

然而，即使在〈我和世界〉的文章中，歷史世界仍然被視為一個由客觀限定主觀，主觀限定客觀的世界。我們的行為固然是一種建基於意志和意圖，但非只限於此。可是，在實現自我本身的同時，「環境是一種限定環境本身的形成作用」。「環境」不單是指自然環境，而是一個迫近每個人的人格行為——正如黑格爾所言的人倫，環境是一個「客觀的精神世界」或「共同的精神世界」。我們的行為不單從自我本身，反而是透過客觀的世界被發現。再者，我們的行為製造出一個「客觀的精神世界」。即是說，客觀世界是建基於我們的行為，我們是在「社會和歷史的世界」中活著。西田認為，這個「社會和歷史的世界」是一個「最具體的實在」。

辯證法的一般者

從《哲學的根本問題》到《哲學的根本問題　續編》，西田作了大量有關現實世界

「論理構造」的闡明，其中一點就是「辯證法的一般者」。在《無的自覺限定》中提到的「絕對無的自我限定」或「無的一般者的自我限定」，自《哲學的根本問題》一書中〈我和世界〉一文出版後，已經被改稱為「辯證法一般者的自我限定」。

西田認為，現實世界是一種個物本身內部和一般者（環境）本身的限定（一般的限定）。它是一種包含絕對對立和絕對相反自我同一的現實世界。

個物一方面是在時間中流轉（直線的），保持一種內在統一而限定自我。另一方面，個物是被一般者所包含。它在空間和場所之中（圓環的）被限定。這兩種限定是相反的。個物的限定不能就此變成一般限定。

然而，個物是相對於個物（我是相對於你）。當兩者互相關連時，即個物限定愈見具體之時，限定便會附帶空間的（圓環的）性格。相反，一般者的個物限定愈見具體，它就會連繫到個物自我本身的限定，即附帶一種時間的（直線的）性格。這種絕對的對立（個物的限定與一般的限定），一方面是對立的，但同時亦是同一的。「辯證法的一般者」正是意指這個結構。

絕對矛盾的自我同一

針對這個構造，現實世界是一種「絕對相反的自我同一」。現實世界一方面是一個無限的辯證法過程，另方面則是指其內容經常作為一個整體。例如在〈形而上學序論〉一文中，西田表示：

具體的世界一方面可以說是一種無限的時間流轉，另方面則可以說是一種無限世界的重疊。即是說，它同時直線地和圓環地限定自我本身。（六：四六）

西田認為，現實世界所成立的「現在」，既不是與過去和未來區分的現在，亦不是辯證法歷史的一點。「現在」亦包含無限的過去和未來。換言之，「現在」包含各個時代的意義，並且同時存在。它們變成現在的具體內容，並且製造出現在的形態。「無限世界的重疊」正是要表明這一點。

過去、未來或當中各式各樣的意義、議題和傾向同時存在。它們同時在現在本身包含一種矛盾。時代經常在自我之中包含一種「自我矛盾」，並且「從自我本身之中超越自我」。換言之，克服矛盾的歷史在此得以建立。

歷史的現實世界是一種絕對矛盾的同一。它一方面是一個無限的辯證法過程，另方面則成就一個世界的無限「重疊」。在《哲學論文集　第二》以降，這種「絕對相反同一」的關係不單被稱為「矛盾的自我同一」或「絕對矛盾的自我同一」，更加成為西田思想的核心。透過正面回應針對「場所」思想的批評，後期西田思想變得更加成熟。

譯註

1《西田幾多郎全集》第十卷，頁四三一。
2《三木清全集》第十七卷（東京：岩波書店，一九六六—一九八六），頁二〇三。
3《西田幾多郎全集》第四卷（東京：岩波書店，二〇〇三），頁一四二。
4 同前註，頁三五七。
5《戸坂潤全集》第三卷（東京：岩波書店，一九六六），頁一七一—一七六。
6《戸坂潤全集》第二卷（東京：岩波書店，一九六六），頁三四〇—三四八。
7 作者引用的版本是《戸坂潤全集》全八卷（東京，伊藤書店，一九四六—一九四八）。
8《西田幾多郎全集》第二十一卷（東京：岩波書店，二〇〇七），頁一二一。
9《田邊元全集》第三卷（東京：筑摩書房，一九七三），頁九。
10《西田幾多郎全集》第二十卷，頁三九九（書簡一三三九）。

第六章
具體性的思考：行為與身體

長野縣安曇野市舊高家小學校石碑，碑上刻有西田所言：「無事於心無心於事」和「物となつて考へ物となつて行ふ」（易物而思，易物而行）。

難以理解的思想

在第二章，我們闡述了西田哲學的魅力所在，指出它是一種朝向事物根源而推進的徹底性思考。可是，這種徹底性同時使西田思想變得不容易明白。正如許多人的經驗一樣，西田的文章實在難以理解。

西田的思考步伐，好像是走到一個無人踏足的荒野。如果是某人曾經踏進的荒野，我們應該可以看到一些足印。透過一些曾經使用的思想概念，我們就可以藉此推進思考。然而，如果這些手段還沒有整理好，我們就必須進行加工。

至今，我們已經看到一些難以理解的西田術語，例如「述語不可變成主語」、「辯證法的一般者」和「絕對矛盾的自我同一」。對於首次接觸西田哲學的人而言，這些獨特的術語實在是難以明白和理解。

一邊寫作，一邊思考

在西田《哲學論文集　第三》一書出版的一九三九年，小林秀雄在雜誌《文藝春秋》發表了〈學者與官僚〉一文。文中指西田哲學是一個「既不以日語，亦不以外語建立的奇怪體系」。這個評語不是沒有理由的。

小林認為，雖然西田哲學有一些奇怪的地方，但卻並不代表西田沒有才華和創意。反之，它反映出西田的「孤獨」。由於沒有讀者，因此西田只能依靠自己，自問自答。

可是，如前所述，西田並不單靠自我而建立其思想。西田亦受到不少批評，並且把這些批評作為建立自己思想的原動力。

在這個意義上，我們不能透過「病態的孤獨」來找出西田文章不容易理解的原因。西田嘗試超越既成的知識，思考事物的根源。西田不是進入一條完備的路軌，而是踏足無人所到之處。西田親自製造表現方式，繼而開展其思想。

林達夫在〈思想的文學形態〉一文中表示，西田哲學不是一個成熟的思想體系，而是一些散文。原因在於西田一邊寫作一邊思考，而非經過深思熟慮。林氏認為，西田的文章「經常帶有一種職場的氣氛」，「透過一些可以產生思想的材料、道具和工程進行思想創作。這些思想不是已經整理好的，而是在整理過程中的『即興』之物」。（《林達夫著作集》第四卷）[1]

針對西田的思考風格，林氏的描述可以說是非常準確。在被砍伐的木頭上，不論如何粗糙，西田皆盡力加以雕琢。這無疑是一份艱苦的工作。

作為哲學起點的日常經驗

西田的行文雖然難以理解，但亦非要開展一種遠離具體事物的空洞思考。西田的思考對象是我們的生活世界。在「見色和聞聲的一刹那，既不是一種外在事物的作用，也不是我們是否對它有所感知」。它好像是在庭裡欣賞玫瑰、在樹林聆聽小鳥的叫聲一樣，往往只是一種普通的日常經驗。

西田雖然經常表示自己不善演講，但為了信濃教育會和信濃哲學會的會員，曾多次在信州和京都進行演講。在一九三七年，西田在長野進行了一次以〈歷史的身體〉為題的演講。演講紀錄收錄於《哲學論文集　第一》和《哲學論文集　第二》，內容深入淺出，為瞭解西田哲學提供了一些寶貴的材料。在演講中，西田清楚表示：

> 在《善之研究》所提及的純粹經驗，就是一種由日常經驗所致的概念。這是我們的日常經驗。（十二：三四四）

對此，西田進一步表示，遠離日常經驗或日常世界的哲學並不存在。

抓緊我們最平凡的日常生活便能產生最深邃的哲學。（十二：三四五）

這些日常經驗並沒有遠離具體事物。反之，西田的思考特徵就是嘗試抓緊日常經驗。思考的具體性正是是西田的魅力所在。

日常經驗就是哲學的起點。可是，這不是表示我們就此肯定日常本身。我們是必須「從最根本的立場觀看事物」。

如「純粹經驗」所示，「直接」並不是以「一般普通的經驗」作為前提。針對這種「普通的」看法，我們需要釐清和剔除先入為主的見解，從而返回經驗本身。這就是所謂「直接」，讓我們可以「抓緊甚麼是日常生活」。

行為的直觀

我們在上一章提到西田關注「真正的現實世界」，指出它不單是止於一個「觀看」的自我，而是透過現實世界的活動和行為的自己合而為一。我們不是在世界以外，而是在事物的必然關連中觀看世界。我們持有身體，繼而發展至行為。後期西田所言的「行為的直觀」，正是指這種人類的存在方式。西田所言的「行為的直觀」，就是一種「能否能抓緊日常生活」的嘗試。

西田雖然在《一般者的自覺體系》中已經關注到「行為」問題，但卻未曾強調「行為」的重要性。西田認為，我們並不只是透過一種「觀看」（認識），而是通過一種直接與事物連繫的行為而存在。換句話說，觀看（認識）與動作（行為）是不能分開的。西田主張的「行為的直觀」可以說是針對人類的本質。

觀看與動作，直觀與行為固然是不能直通。西田亦十分清楚這一點，並且不斷重申兩者雖然是相對並持有一種矛盾的關係，但同時亦不可二分。

以行為觀看事物

我們在此首先嘗試分析西田如何定義「行為的直觀」。西田在〈行為直觀的立場〉（一九三五年）一文中曾言：

> 我們以行為觀看事物，事物在限定自我的同時，自我亦限定事物。這就是行為的直觀。（七：一〇一）

「以行為觀看事物」就是批評一種單靠對象而把握現實世界的看法。「行為的直觀」是始於一個批評主觀主義、視人類為一種認知主觀，並且與世界對立而形成對象的立場。

針對主觀主義，西田首先將重點置於笛卡兒的哲學。附於《哲學的根本問題》一書中的〈總結〉中，「行為的直觀」雖然並未變成一個術語，但西田卻指出「對我而言，哲學還未真正討論過行為的自我」。[2] 西田嗣後表示，笛卡兒所言的「我思故我在」和行為的現實世界原理是荒謬的。對真理而言，「我思故我在」的原理必須改為「我行故我在」。

曼恩・德・比朗的人間學與西田的身體論

針對行為，西田關注到曼恩・德・比朗（Maine de Biran，一七六六—一八二四）。[3] 後者在《人間學新論》（*Nouveaux essais sur d'anthropologie*，一八二三—四）一書中，把笛卡兒的「我思故我在」解讀為「我行動、我思考，或我在我之中思考行動。我從而知道我自己是原因或一種力量，存在或現存於現實之中。」西田高度評價曼恩・德・比朗這種「內在人間之人間學」。

可是，西田認為比朗所言的「行為」只是一種「思考」，因此這種人間學仍然停留於一種「內在人間」。

西田強調，行為是身體性的，即一種根據「肉體」而產生行為。身體應該是先於思考和意識的。在〈理論與生命〉（一九三六年）一文中，西田表示：

不是先有意識而後有身體，而是先有身體才有意識。……意識雖然可被視為超越或遠離我們的身體，但意識必須是一種身體自我之自我肯定。（八：六二—三）

意識遠離身體，並不是要控制它，反而是作為身體存在的一種自我活動。

表現作用的身體

人類透過身體而存在，意思並不限於生物學。針對人類如何把握身體，西田在〈行為直觀的立場〉一文表示：

我的身體不單是一個生物的身體，更加是一種表現作用的身體。它是一個歷史的身

體。（七：一四三）

首先，按照西田的理解，身體是連繫於「表現」的。我們並不是一種「意識」，而是一種身體的存在。我們是一種持有欲望的存在。這種存在不單是一種事物，而是一種「表現」。

比方說，我們在盛夏時感到口喝，回家後倒了一杯水。這杯水不單是一杯水，而是通過冰凍的杯子觸及口部、口中冰冷的水和流過喉部時所產生快感，從而滿足了我們的欲望。換句話說，這杯水就如一副滿足的表情，事物對我而言是一種「表現」。「以行為觀看事物」作為「行為的直觀」的定義，第一個意思就是「表現」。

另外，事物不單是被各式各樣的表情所滿足，同時刺激我們它欲望的主體。當一個載有冰水的杯被拿出來時，我們總希望喝完杯中的水。透過這種方式，事物喚起我們的行為。「以行為觀看事物」的第二個意思就是這種行為的誘發。

製作

西田強調，「行為」不單是一種身體的動作，更加是一種事物的製作。即是說，

「行為」是持有「製作」[4]的特性。

實踐必須是一種製作。我們的動作必須是一種事物的製作。離開製作便沒有實踐。實踐既是行為，亦是創造。從行為自己的角度觀看世界，行為並不是一種立場，而是動作。（八：一二二）

「以行為觀看事物」的第三個意思，就是「事物的製作」，即「製作」。日常生計的農產物和工藝品，繪畫、詩歌的創作和藝術經營皆是一種製作。我們是透過身體來表現自我。

另外，被製作的東西再次以一種表現呈現於我們的眼前。例如一個木雕玩偶和一幅風景畫，如果它們不是完美的話，我們便意識到必須予以加工。

在此，「觀看」得以成立，製作則連繫直觀。針對觀看親自製作的事物而言，「以行為觀看事物」的第四個意思就是「直觀」，並且再次誘發行為。

「以行為觀看事物，事物限定自我，自我亦限定事物」就是指一個整體的連繫。另外，支持這個連繫的身體，就是一個「表現作用的身體」。

歷史的身體

如上所述，我們的身體不單是一種生物定義上的身體，更加是「表現性的」。身體為表現所動，並且製作出表現的事物。可是，「製作」不單是一種刺激，其背後存在「歷史」。西田認為，「人類總不能離開無限深邃歷史的壓艙物」。

壓艙物的原意雖然是指安定船隻所囤積的泥沙和水，但亦意指我們過去所承受的重擔。我們既背負人生的重擔，同時亦是在承擔社會整體中一部分的歷史責任而行動。

換句話說，不論是事物的製作還是行為，兩者同樣不單是一種事物的製作和行為，而是應該做甚麼和製作甚麼。我們是透過歷史所賦予的而做出相應行為和製作。「歷史的身體」就是意指這種背負歷史壓艙物的身體。

我們背負歷史的重擔而行，反過來說就是指歷史或世界是透過我們的行為而被建構。透過個人的行為，歷史的形態被製作出來。西田曾言：

在歷史的世界中，我們身體性的自我是一種創造的要素。歷史的生命是透過我們的身體而實現自我本身。歷史的世界透過我們的身體形成自我本身……（八：四七）

在我們意識到歷史課題的同時便製作事物。這種行為不單是一種內在的行為，更加是一種歷史世界製作自我形態的手段。在這個意義上，我們是一種歷史世界的「創造要素」。

作為知識基礎的行為直觀

西田認為，「行為的直觀」與我們的知識是連繫的，它是「所有經驗知識的基礎」。在「行為的直觀」之前，西田寫了一篇題為〈實踐與對象認識：一種針對歷史世界的認識立場〉（一九三七年）的論文。正如文章的副題所示，西田在文中論述「歷史世界」的認識問題，強調「知識必須是一種實踐」。由於我們的認識是一種實踐，因此製作比任何事情更加重要。

如前所述，西田認為觀看是一種行為。換句話說，行為和事物的製作並不是兩回事，而觀看則連繫著歷史世界的變化。這種變化迎向我們，並再次促使我們的行為。在這個意義上，觀看是一種實踐和製作。我們「是存在這個世界，生於這個世界」。換言之，我們是一種「身體」的存在。我們在現實世界中「以身體的角度觀看事物」。

從這個意義上，觀看不能只是一種對象的投射。西田在〈實踐與對象認識〉一文中表示：

> 對象的認識不是在反映事實，而是一種表現作用的表現。被描繪的事物不是一個不動的死物，而是活生生的、一個歷史的生命。被表現的事物不是一個實在的影子，而是一種生命的表現，當中包含知識的客觀性。（八：一三三—四）

簡言之，認識是處於行為的連繫之中，在製作場所中現實地予以把握。透過這種把握，實在作為一個「生命」，透過現實的方式顯現，而知識的「客觀性」亦正是以此為據。

西田認為，即使是以概念把握事物，其「具體性」亦因「透過製作觀看事物」而首次變得可能。

譯註

1 《林達夫著作集》共六卷（東京：平凡社，一九七一—七二）。

2《西田幾多郎全集》第六卷（東京：岩波書店，二〇〇三），頁一三五。

3 曼恩．德．比朗是一位法國哲學家。

4 西田的用語是ポイエーシス（poiesis）。

第七章

尋求真我：宗教

「無」（西田親筆）。無是西田哲學中的一個重要概念，並且經常予以揮筆灑墨。

西田哲學與宗教問題

由初期至晚年，西田一直非常關心宗教問題。在《善之研究》中，西田指出宗教是「哲學的終結」，並將有關宗教的探討置於最後部分。西田在晚年更不時表示希望撰寫宗教論，從而完成自己的哲學體系。這個想法可見於〈場所的理論與宗教的世界觀〉一文（一九四五年四月脫稿）。因此，宗教問題可說是貫穿西田的思想。

針對宗教，西田用了「逆對應」、「平常底」等難明的術語來闡釋。對西田而言，宗教並不離開日常經驗，而是直接與生命連繫。

為了簡單說明西田的宗教觀，筆者嘗試借用種田山頭火的俳句。山頭火是一位放棄家庭，到處行乞的俳人。

陶醉地喝水[1]

「陶醉」是指山頭火從世俗的執著而解放出來的生存方式。山頭火在烈日當下行乞時，偶然遇到泉水，毫不猶豫便喝了。

西田指出，宗教的極致就是一種非常普通的行為和一種非常普通的生活方式。

作為生命根本事實的宗教

在〈場所的理論與宗教的世界觀〉一文中，西田表示「宗教意識是我們生命的根本事實，學問和道德的基礎。宗教心並不是特別的人所專有，而是潛藏於所有人的心底。如果我們沒有意識到這一點，則不能成為一位哲學家」。西田強調，宗教意識是潛藏於所有人的心底，是「我們生命的根本事實」，相比任何更加重要。這一點不單是西田宗教論的核心，更是其特色。

西田表示，忽視「內在生命」的哲學是不可能的。哲學和宗教是建基於同一個基礎。對此，西田並非認為兩者可以單純地合而為一。在〈經驗科學〉（一九三九年）一文中，西田曾言：

> 歷史世界的問題是我們自我的生命問題。這裡存在一個哲學和宗教的問題。針對我們自我的開始與終結，兩者皆是哲學和宗教的問題。從具體製作的自覺而言，即從所有自我的角度來看，我們必須從哲學的角度思考世界。……宗教就是徹底化矛盾自我同一的基礎，自覺地予以把握。（八：四八五—六）

從這一點來看，哲學和宗教同樣是一個「整全自我的立場」。自我不是從外面眺望世界，而是在世界中存活和活動（製作）。自我必須面向生命的根本事實。

相對於哲學從以上的角度觀看世界，宗教則要求自我的徹底化。西田表示，宗教嘗試努力把握「我們的自我從哪裡來和到哪裡去」。

宗教不是神秘直觀

在本書的第五章，我們看到西田在《一般者的自覺體系》和《無的自覺限定》中，以「絕對無的場所」作為一種宗教意識來闡釋「場所」。例如，西田指場所超越知識的界限，並且強調它「不是所見和能見，而是一種色即是空，空即是色的宗教體驗」。

從這一點來看，宗教好像只是針對某個人所至的特別境界。可是，在〈場所的理論與宗教的世界觀〉一文中，西田反覆表示宗教既不是「某個人的特殊心理狀態」，亦不是「特別的人所專有」。

針對宗教，其中一個看法是它成立於一種神秘的直觀。西田亦曾被指持有這個想法。可是，在〈實踐哲學序論〉（一九四〇年）一文中，西田清楚表示：「如果宗教離開日常經驗，它或許可以被視為一種神秘的直觀和一種無用之物。可是，宗教必須是我們日常生活的基礎。」[2]

我們可以透過這篇文章清楚看到，宗教不是一個特別的人所專有的神秘體驗。西田努力避免將這種經驗變成一種「無用之物」或「閑人之閑事」。西田認為，由於宗教是指我們在這個世界上的存活，因此它不能離開日常經驗。西田後來提出「平常底」的概念，指出宗教是透過「平常底」來連繫日常生活的基礎。

永遠的死

正如「潛藏於所有人的心底」一向所示，在我們的意識中，當中的基礎不一定會呈現出來。心底的事實雖然是我們的自我本身，但卻反而未被重視。

我們是甚麼時候意識到這個隱藏的自我呢？換句話說，宗教意識是在甚麼時候出現的呢？這個問題是〈場所的理論與宗教的世界觀〉一文所處理的其中一個主要議題。

對此，西田的答案是：「宗教意識是呈現於自我的基礎，就是當我們意識到深邃的自我矛盾之時。」（十：三二二—三二三）問題是：在甚麼情況下會出現「深邃的自我矛盾」呢？西田的答案是：「死的自覺」。這個死亡不是指肉體的死亡，即生物意義上的死亡。「永遠的死」的自覺是出現於一種存在自我底部的自我予盾。

甚麼是「永遠的死」呢？

自覺哪種自我永遠的死，意思就是指我們自己面對絕對無限，即是面向絕對者的一刻。透過面對絕對否定，我們認識到自我永遠的死。（一〇：三一四）

相對於絕對無限，我們自覺到「永遠的死」，繼而自覺到「永遠的無」。具體而言，甚麼是永遠的無呢？

親鸞的惡的自覺

在〈場所的理論與宗教的世界觀〉一文，西田不時提及親鸞的信仰。「煩惱具足的凡夫」是親鸞常用的文句。親鸞擁有一雙可以看到人類無限煩惱的眼睛。親鸞本身亦無法避免煩惱。在《教行信證》的〈信卷〉一文中，親鸞吐露了自己的心情：「悲哀和愚昧的禿鸞，既沉溺於廣闊的慾愛，亦被名利的太山所迷惑。」[3]

愚禿的原意雖然是指一個禿頭愚昧者，但親鸞卻以此為自己的稱號。這是因為親鸞經歷了一種深邃的自覺，一種關乎自我或被貪慾與愛恨所動，並且被名利所誘惑。

親鸞在《正像末和讚》中，寫了一首題為〈愚禿悲歎述懷〉的和讚（混雜日語假名的讚歌）。在這首和讚之中，親鸞除了憶述自己的悲歎，亦指出愚昧是人類共有的實相。「惡性難以脫卻／心變得如蛇蠍」[4]一句就是指我們的心好像毒蛇，不能遠離生來的惡。

這種惡的自覺的徹底化，表示出一種與絕望的連繫。在《歎異抄》第三段中，親鸞寫有「煩惱具足的我們，無論怎樣修行都不能脫離生死」。[5]

這種絕望的轉向，意指一種對「永遠的死的認知」。佛教所言的覺悟，絕非是一種從黑暗到光明的單純過程。當中包含一種徹底化的惡的自覺與絕望，深淵亦在其中。親鸞可以說是當中對此自覺最深的人。「愚禿」這個稱號正好表示這一點。

西田在年輕時（一九一一年）寫了一篇題為〈愚禿親鸞〉的短文。文中指出，愚禿意謂人類表明一種自我放棄。愚禿二字正是「表示有德的為人和標榜真宗的教義。兩者合起來就是宗教的本質」。[6]

自我存在的根本理由

縱使我們意識到「深邃的自我矛盾」，但亦不能完全意識到自我本身的「無」。接著剛才的引文（頁一三二），西田續言：

> 如果只是這樣的話，我還不能說這是絕對矛盾的事實。然而，一旦認識到自我的永遠的死，這就是自我存在的根本理由。（一〇：三一四）

自覺到自我的「無」和自我的「永遠的死」，兩者同時是「自我存在的根本理由」和一種「深邃的自我矛盾」。這是否意謂「死的自覺」就是「自我存在的根本理由」呢？通過自我直接面對死亡，自我反而被建立。換句話說，自我找到支持自我存在的東西。西田曾言：「絕對者總是包含我們的自我。絕對者總是在追逐那個背叛和逃避我們的自我，並且融攝兩者。這就是一種無限的慈悲。」[7]我們沉溺於「愛慾之海」、迷惑於「名利之太山」，並與絕望的我相遇。

按照親鸞的見解，「無論怎樣修行，生死總是無法避免。唯願惡人能與覺悟」的阿彌陀佛相遇。我們需要聆聽嘗試拯救那些無法透過修行而覺悟的「惡人」之聲。

西田確信，宗教就是要把握「我們的自我從哪裡來和到哪裡去」。這種矛盾的自覺，就是當我們意識到自我的「死」和自己的「無」之時，便會遇到支撐自我的東西。

超越自我

當我們徹底化自我的基礎，自覺地把握自我的時候，我們便成為「絕對無限」，即達致超越自我。可是，超越自我不是一個自我的他者。這正是西田宗教理解的一大特色。西田曾言：

> 我們自我的底部總是存在一種超越自己的東西。它既不只是一種異於自己的他者，亦不是一種自我以外的東西。此處呈現一種我們自我的自我矛盾。我們對自己的所在感到迷茫。我們的自我總是一種矛盾的自我同一。宗教的信仰就是建立於真正的自我本身。（一〇：三三二）

一般而言，宗教的絕對存在是存在於自我之外。可是，西田卻反對絕對的東西單單作為一種超越的存在。西田表示：「如果最高善的神只是超越的話，他只不過是一個抽象的神而已。」（十：三三二）一個與自我的自覺無關和外在於自我的神，只不過是一個想像的神而已。

在我們徹底化自我的根底時，便會遇見絕對無限。「我們由此可以思考自我」，亦即自我的基礎。我們在此處與活出自我的東西相遇。換言之，我們是根據這個相遇而看到被製造的自我。按照西田的解釋，這個自我和絕對存在（既是超越自我，同時又是一個自我存在的基礎）的矛盾關係正是宗教成立的地方。

逆對應

針對自我與超越自我的關係，西田在〈場所的理論與宗教的世界觀〉一文中以一個獨特的概念「逆對應」來表示。

逆對應是指自我與超越自我的互相矛盾，兩者無法直接連繫，此其一。有限與絕對無限之間存在決定性的斷裂。我們即使直接追尋它，總是無法所及。西田反覆表示：「人類是沒有通往神的道路。」（八：四一八、五一四等）

可是，當我們透徹化自我而達致無，即自覺自我的死亡時，我們會找到活出自我或支撐我們存在的東西。正是透過死亡的自覺，我們超越自我的無。西田把這個弔詭稱為「逆對應」。

西田經常借用大燈國師與花園天皇的對話：「億劫相別，而須臾不離，終日相對，而剎那不對」來闡釋「逆對應」。

當我們不靠自我的力量，直接面對絕對無限，那個最遙遠（無）的東西時，我們便會找到絕對無限。

我們的自我作為絕對者的自我否定，自我便會逆接絕對者。個體愈是個體化，就能相對於絕對者，即是神。自我與神的相對就是個體的極限。（一〇：三四〇）

極限上的個體與救贖

作為「個體極限」的自我，西田借用親鸞所言：「如果仔細思考阿彌陀佛的五劫思維的話，它就是指親鸞本人的本願。」[8]

這段出自《歎異抄》〈跋〉的文字，表現出一個凡夫，一種從自我沉溺於煩惱的大海、背負罪惡，徘徊於生死世界的自覺。

西田認為，這種獲得自覺的人正是相對於絕對。

承接剛才的引文，親鸞續說：「阿彌陀佛的本願就是要拯救這個極惡的親鸞。」[9]《歎異抄》的著者唯円記述了這段親鸞經常提到的一段話，表示親鸞感激阿彌陀佛拯救了背負如此極惡的自我。

面對背負罪惡的自我本身時，即所謂「極限」，西田以「逆對應」來表示親鸞對阿彌陀佛本願的一份感激。

平常底

「逆對應」除了表示一種與絕對的相對性外，在〈場所的理論與宗教的世界觀〉一文中亦表示出西田個人思考的一個根本變化。當我們認知自己的死亡之時，我們便能超越死亡或得著永生，一種根本的變化亦由此而生。

得著永生不單是指超越生命，繼而進入一個不滅的世界。反之，西田認為，「不生不滅」從一開始便存在。透過根本的變化，我們即使在彼方出生，我們亦不能跟超越的他者相遇。我們由始至終都是一個不變的本我。我們只是返回本來的自我。西田以「平常底」來形容這個自我本有的存在方式。

「平常底」是出自一種禪的論述。《臨濟錄》記載：「佛法無用功處，祇是平常無事。屙屎送尿，著衣喫飯，困來即臥。」[10]

穿衣吃飯，疲倦就寢。按照山頭火所言，這就如喝水一樣。這種日常生活和返回這種日常生活的存在方式便是平常底。

這種無關心並不等同我們忽視「生命的根本事實」，反之是一種日常不斷努力的憑證。西田表示，日常就是「一步一步的血汗之地」。

經過一步一步而流出來的血汗，我們能首次「陶醉地」喝水。我們希望得到更多收入、不想輸給別人，愛體面和執取覺悟等就是各式各樣欲望的束縛（或反過來自我束縛）。一言以蔽之，這種自我的存在方式可以視為一個「我」。可是，從我欲和我所愛的束縛中獲得自由並不容易。

「屙屎送尿，著衣喫飯，困來即臥」一句正好表示，我們要透過一步一步所流的血汗，才能除去捆綁自我的執著。平常底的意思就是這種日常性。

廬山的煙雨

西田喜愛「廬山煙雨浙江潮」這句詩。西田曾引用之，亦曾寫有墨寶。這句詩是出自中國宋代的代表詩人和書法家蘇軾（蘇東坡）的〈觀潮〉：「廬山煙雨浙江潮，未到千般恨不消，及至到來無一事，廬山煙雨浙江潮。」

廬山是中國江西省的名山，山中的煙雨非常神秘，而山下的浙江下流錢塘江則非常壯觀。如果未曾看過廬山，長年的怨恨也無法消失。然而，縱使到此一遊，其實也沒有甚麼特別。它們不過是廬山和浙江而已。蘇軾一詩的意思亦是如此。

如果我們從詩的字義上看，平常底是指從廬山和浙江回來後，我們可以在故鄉過著跟以往完全一樣的生活。「陶醉地喝水」就是指這種境界，一種日常行為和日常生活。

譯註

1 村上護責任編，《山頭火全句集》（東京：春陽堂書店，二〇〇二），頁一一一。
2 《西田幾多郎全集》第九卷（東京：岩波書店，二〇〇四），頁一八八。
3 真宗聖典編纂委員会編，《浄土真宗聖典》（註譯版）（京都：本願寺出版社，一九八八），頁二六六。
4 同前註，頁六一七。
5 同前註，頁八三四。
6 《西田幾多郎全集》第一卷，頁三二四。
7 《西田幾多郎全集》第十卷，頁三四四。
8 《西田幾多郎全集》第一卷，頁三二五。
9 《浄土真宗聖典》（註譯版），頁八五三。
10 入矢義高譯注，《臨済録》（東京：岩波書店〔岩波文庫〕，一九八九），頁五〇。

第八章 東西方的夾縫：嶄新的創造

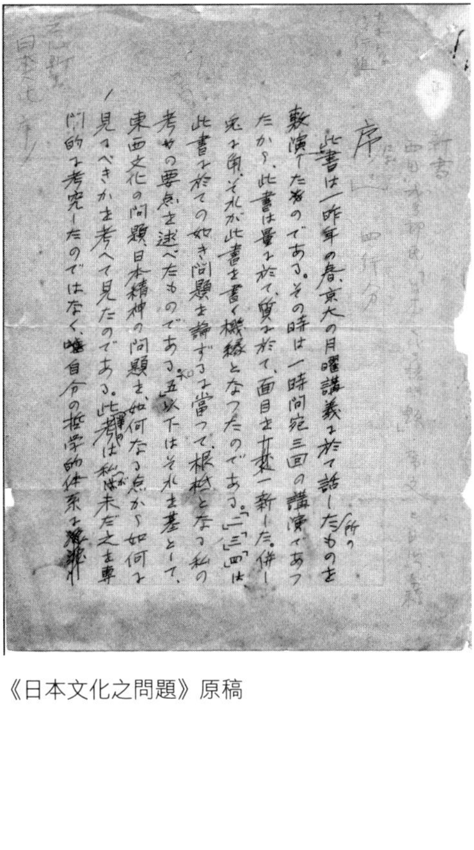

序

此書は一昨年の春、京大の月曜講義に於て話したものを敷演したものである。その時は一時間宛三回の講演であつたから、此書は量に於て、質に於て、面目を一新した。併し兎に角、それが此書を書く機縁となつたのである。二「三」「四」は此書に於ての如き問題を論ずるに當つて、根柢となる私の考への要点を述べたものである。五以下はそれを基として、東西文化の問題、日本精神の問題を、如何なる点から如何に見るべきかを考へて見たのである。此書は私が未だ之を専門的に考究したのではなく、自分の哲学的体系に

《日本文化之問題》原稿

東西方的夾縫

西田到任京大後，哲學講座的教授桑木嚴翼、負責哲學史的朝永三十郎、西田的繼任人田邊元和眾多的弟子皆曾留學歐洲。透過留學所獲得的經驗，他們成就了不少偉業。有別於今天，當時留學德國和法國的經驗極為寶貴。

西田雖曾希望留學歐洲，可惜一直未能如願以償。弟子山內得立其後在德國留學期間寫信給西田，當中記述了一段回憶：「何時老師亦到外國一次吧?!」對此，西田回了一封語帶嚴詞的信：「在年輕的時候，未被關顧，我現在已經老了。」（《哲學研究》之始）[1]

西田沒有直接踏足「西方」的機會。可是，對於同期西方哲學的動向卻非常敏銳。西田擁有一副銳利的眼光，能夠適切選取一些應該討論的思想家和問題，並由此產生一套獨有的「西田哲學」。

當我們思考為何西田可以建立一套獨有的思想時，不容忽視的就是西田身處的東方思想傳統。根據這個傳統，西田釐清了西方哲學作為前提的思想框架，給予突破和挑戰。更準確而言，在東西方的夾縫中，西田把西方哲學相對化，從而發掘當中的問題。

這種做法固然並不止於西方哲學。西田是一個從外面眺望東方思想的人。西田在晚年不時批評東方思想欠缺理論，強調必定要建構一套「東方理論」。這是由於西田擁有一雙從外面眺望東方思想的眼睛。

在東方思想的背景下，西田投身西方哲學。他不但以此作為思考對象，更以西方哲學作為一面鏡，窺探東方思想的問題與潛力。這種工作絕非容易。可是，透過「外在」，「內在」首次成為「內在」。換句話說，相對於「外在」的「內在」，「內在」的相對化變得可能。西田思想的魅力，就是在於這種東西方「夾縫」中的緊張關係，並從而開拓一番新氣象。

西田哲學與東方思想的交錯

西田最初沒有試圖站在東西方「夾縫」之中思考哲學問題。西田哲學雖然被視為以西方哲學的概念重構東方思想（或禪思想），但這並非問題的核心。西田首先凝視西方哲學所提出的問題，投身當中和深化其思考。在這個過程中，西田的思考與東方的思想傳統交錯。在一九二七年出版的《從動作到見》一書中，西田在〈序〉文表示：

在西方文化的璀璨發展中，形相構成善。當中雖然存在許多我們應該尊重和學習的地方，但是在幾千年來孕育我們祖先的東方文化基礎中，難道不潛藏一種觀看無形之形和聆聽無聲之聲嗎？我們的心必須追求它。吾人則嘗試賦予它一些哲學理據。（三：二五五）

在《從動作到見》的〈序〉中，西田第一次具體談及支撐東方文化的東西。西田在文中亦明確表示在「觀看無形之形，聆聽無聲之聲」的東方文化基礎中，「嘗試賦予它一些哲學理據」。西田清楚意識到，自己的哲學思考（特別是在《從動作到見》一書所展開的「場所」思想）與東方文化根底中的要求有所連繫。

觀看無形之形

針對「觀看無形之形，聆聽無聲之聲」，西田有何所思？這個問題雖然不容易回答，但在一九三四年出版於雜誌《文學》的〈從形而上學的立場看東西的古代文化形態〉一文中，西田用了「無形之形，無聲之聲」作為一個切入點來討論東西古代文化的形態。

在這篇文章中，西田將東西文化分成兩類並進行比較。西田認為，西方文化是「以有作為實在的基礎」，東方文化則是「以無作為實在的基礎」。雖然「無之思想」是東方——具體而言，印度、中國、日本的——文化的共同特質，但當中同時亦存在迥異。西田指出，印度的無之思想明顯帶有「知的」性格，而中國的無之思想則具有一種「行的」色彩。對此，日本的無之思想持有一種「情的」特質。西田認為：「我國文化從古代開始已經受到支那文化和印度文化的影響。只是後來日本的佛教盛行，使日本文化變成一種情的文化。」[2]

針對這種「情」的文化，在〈從形而上學的立場看東西的古代文化形態〉一文中，西田視當中的「無形之形、無聲之聲」為一個問題。

當現在被視為一種非絕對限定的限定和絕對無之限定時，當中的時間是直線的。從這裡可以看到無形之形和無聲之聲。無形之形和無聲之聲並不是指無物，而是意謂存在於現在的東西不能限於知性。它是一種無限的情的表現。情的對象……無限地躍動，它是有形而無形。這就是所謂情的文化。（六：三五一）

情的文化

首先，引文中的「現在」或「現在的存有」是指「絕對的無之限定」。「絕對的無」固然不只是無，而是當中「深邃的內在生命」或「無限的生命之流」。「場所」在自我之內映照自我是一種「內在生命」的表現，即「生命限定生命本身」。「無形之形、無聲之聲」是指一種根據「內在生命」之自我限定而產生的影像。「無限活動」和「有形而無形」是指「內在生命」，它「超越了我們的知識界限」，並且是一個潛藏於我們最深層的「黑暗命運」。

這個「空間的」，一個不能被固定的「有」形的「無限活動」，就是日本文化特質。西田表示：「情的文化是一種無形之形、無聲之聲。它就如時間一樣，無形地統一，是象徵性的。無形的情的文化好像時間和生命一樣具有創造性和開拓性。它在容納多種形態的同時，亦賦予自己一種形態。」

如引文所示，根據「非絕對限定的限定」而成立的「無限活動」，就是一種「情的文化」。這種「情的文化」是躍動的，具有「創造性」和「開拓性」。就如時間一樣，它雖然沒有一種固定的形態，但卻在創造中保持一種統一的狀態。

在時代之中的「日本文化」論

一九三七年盧溝橋事件之際，日本雖然猛然邁向戰爭，但正在這個年頭，西田在文部省[3]日本諸學振興委員會主辦的哲學公開演講中，進行了一次題為〈學問的方法〉的演講。翌年，西田在京都大學則以〈日本文化的問題〉為題，進行了一連串的演講。在兩者的基礎上，西田出版了《日本文化的問題》（岩波新書，一九四〇年）一書。

在〈從形而上學的立場看東西方的古代文化形態〉的論文中，西田綜合和比較了東西方文化的差異，並以此作為日後有關「日本文化」的演講和新書的基礎。例如在〈學問的方法〉的演講中，西田在開首表示：「我們……無論如何都要吸收和發展世界文化。可是，這並不表示我們要永遠吸收和融攝西方文化。我們必須在幾千年來孕育我們東方文化的基礎上創造新的世界文化。」[4]

從以上來看，我們可以發現《日本文化的問題》一書中曾經提及的「甚麼是精神，往後應如何發展」的議題，在以上的演講和新書同樣備受關注。這一點與時代的巨大變化有密切的關係。然而，西田不是從偏狹的民族主義來探討「日本精神」。相對於過分誇大日本文化特殊性的「日本精神」主義者而言，西田的態度明顯是反對排外主義。

世界文化的創造

從歷史認識或現實世界的基礎來看，西田明確反對排他和宣揚日本精神的絕對性。在〈學問的方法〉一文中，西田指出：「現時的日本已經不再孤立於世界歷史的舞台。我們是站在世界歷史的舞台。我們的現在是世界歷史的現在。」[5]西田強調，各個國家只能存在於一種與其他國家的緊密連繫。在京都大學的演講中，西田表示：「今天的世界變得具體。它不是一個抽象的概念，世界已經變成真實。」[6]當中的「真實（real）」是指「世界」，或進一步而言，「真實」是「世界歷史」的「舞台」，當中帶有現實的味道。

在這個狀況下，西田確信日本不應封閉於其特殊性，反之應該面向世界和參與世界文化的發展。

> 日本在世界上不能只尊重特殊性和日本的事物。這裡沒有真正的文化。……換句話說，日本文化不能是一種自家文化。它必須創造出一種世界文化。我認為這是最重要的事。（十三：十二）

在〈學問的方法〉和有關〈日本文化的問題〉的演講和著作中，西田亦曾使用「日本精神」一詞。可是，當中的用法不是限於某個時代。對西田而言，「日本精神」必須是「世界性」的。對此，西田積極表達出自己的立場，並且展開其理論。

異文化的對話

「世界的」日本精神是甚麼呢？西田在〈學問的方法〉演講中表示：

日本精神總是空間性的。但甚麼是世界性的空間呢？……它必須是按照嚴謹的學術方法而建立，並且持有一套理論。學問的方法是指由一面空間的鏡所映照的時間性的自我（死而後生）。當中必須包含自我批評。（九：八八）

西田認為，日本精神傳統的最大「弱點」，就是沒有發展出一套「學問」。換言之，在嚴謹學術方法的基礎上，日本精神沒有發展出一套理論。為了克服這個弱點，西田表示日本的精神傳統需要透過一面「空間的鏡」來映照自我。即是說，日本文化需要透過與異質文化對峙或對話才能清楚看到自我的不足（自我批評）。

西田明顯反對一種單方面強調日本文化特殊性的立場。精神不是作為一種傳統的遺物，而必須是一種「活生生的精神」。在〈學問的方法〉一文中，西田以「死而後生」來形容它。

多文化主義

如上所述，西田認為「最要緊的事」不是「自家文化」，而是「創造世界文化」。這種世界文化的創造，同樣密切連繫到日本文化的問題。西田指出，如要賦予日本文化傳統一個客觀的基礎，繼而形成一種學問，特殊性就不能只是一種排除他者的特殊性。作為一種「一般的特殊」，當中是互相影響或互相開顯的。

針對「透過我們的歷史文化是否可以創造新世界文化」的問題，西田在〈學問的方法〉的演講中表示：

我們除了要充分把握西方文化的基礎外，更需要進一步深入東方文化的基礎。我們需要把握一種不同於西方文化的方向，從而顯露人類文化本身的深邃本質。我們既不是根據西方文化而否定東方文化，亦不是透過東方文化來否定西方文化。兩者亦

非被他者所包含。總言之，透過發現一個比以往深邃和巨大的基礎，東西方文化便能同時發出一種新的光芒。（九：九一）

西田認為，日本文化不是一種偏狹的自我文化中心主義。反之，透過認同各式各樣文化的可能性，日本文化便能作為多文化主義的始源。這是針對西方文化作為一種普遍的批判。我們透過這篇文章可以清楚看到，以上的批評不是站在一種單方面宣揚自我文化優越性而言，因為這種看法明顯地仍然是相對化的。

西田指出，如果我們將西方和自我文化相對化，這豈不會陷入一種相對主義的立場嗎？相對主義為求強調各式各樣文化結構的獨特性，對於異文化間相互理解的可能性總是持有一種非常消極的態度。在這個意義上，西田沒有陷入一種相對主義。反之，他認為各式各樣的文化之間可以互相產生創造性的影響。

意思的爭奪戰

在關乎〈學問的方法〉和〈日本文化的問題〉的演講和著作中，西田經常使用「皇室」和「皇道」的詞彙。在〈學問的方法〉演講中，西田曾言：「日本……總是以皇室為軸心來保持自我同一，當中包含日本精神。」[7]單從這篇文章來看，我們或許以為西田是被時代的洪流所吞沒。另外，在這個時期西田有關「皇室」和「皇道」的言論，實際上不時被指與戰爭掛鉤。

可是，正如「日本精神」，我們必須從文脈中理解西田的言論。在探討「日本精神」的問題時，西田縱使以其為一種時代的口號，但卻非原封不動地以此作為前提。西田希望根據自己的思考，積極賦予「日本精神」一些意義。參考上田閑照的見解，「日本精神」是一場與鼓吹戰爭人士之間的「意思爭奪戰」。（上田閑照，〈西田幾多郎：「那場戰爭」與「日本文化的問題」〉，《思想》第八五七號。）

針對剛才的引文，西田續言：

> 可是，今天的日本已經不是孤立於世界歷史的舞台。我們是站在世界歷史的舞台。我們的現在是一種世界歷史的現在。……從我們的歷史精神基礎（從我們的心底），必須產生一種世界性的原理。皇道必須是世界性的。……必須從我們的心底創造出一種世界性的原理。（九：八八）

西田明確表示，各國不能只將視線限於自己。縱使「總是以皇室為軸心來保持自我同一」的日本，現在亦站在世界歷史的舞台，並與持有獨自歷史和文化的世界各國密切連繫，繼而作出獨有的貢獻。

針對「皇道必須是世界性的」一語，我們必須從異文化的角度加以理解。在〈哲學論文集第四補遺〉（一九四四年）一文中，西田明確批評當時持有龐大勢力的排他性民族主義和政府的帝國主義侵略政策。

真正的國家是在歷史世界的自我建構立場上，與其他民族結合而構成自我本身。……單單是排他的民族主義，除了侵略主義和帝國主義外別無他物。帝國主義是一種民族利己主義的產物。（十一：一九七—八）

止於萌芽階段的佛教理論

如前所述，西田不是以傳統遺物的觀點來看精神，而是主張它為一種「活生生的精神」。可是，作為一種東方傳統的「活生生的精神」，它如何能夠創造一種新文化呢？這個問題不單限於剛才提到的演講和新書，更加貫穿晚年西田的整體思想。

西田固然並不認為這是一個容易處理的問題。在新書《日本文化的問題》中，他清楚表明，東方思想沒有在「體驗」以外發展出其他東西。

吾人認為，在佛教理論之中，雖然有一套針對我們自我的對象理論，但卻只停留於一套心之理論的萌芽階段。這種心之理論只是停留於體驗，沒有發展出其他東西。這種理論沒有發展出一套事物的理論。我們首先要對西方理論進行徹底研究，繼而尋找一些批判的要素。（九：十三）

針對佛教思想未能發展出一套「事物的理論」，西田曾表示它「停留在意識自我層面的問題，但卻未發展至製作自我的問題」。（八：七二）我們出生於這個世界和被帶來這個世界，不可能只是一種「意識」。我們是一種持有身體，透過身體與事物連繫的存在。我們是一種透過行為改變世界，從而產生一些新事物的存在。簡言之，正如「從所作至能作」所示，一種透過概念化的自我與事物的互相關連，「意識」的自我被視為一個對象。可是，這種關連在佛教中卻未能充分體現。佛教理論只是停留於一種「體驗」，卻沒有發展出一套「事物的理論」。西田批評佛教既沒有留意自我與事物的連繫，亦沒有重視作為一種客觀存在的事物。

徹底的實證主義

西方的思想特質正是透過對事物的關注，從而建立一套體系化的理論。西田亦明確表示認同這一點。可是，如剛才的引文所言，針對西方的學問和理論，我們必須持有一種「批判性」的態度。西田在《日本文化的問題》一書中曾言：

> 西方的科學主要是從環境思考人類，自我本身不能進入當中的世界知識，這就是一種所謂認識對象的學問。科學亦言。然而，真正具體的歷史現實世界，必須是我們自我身處認識對象中的世界。如果真正的學問精神是追求事物的實相，我們就必須把握世界。實證性必須是建基於實證的東西。（九：五五）

正如東方思想以「意識」作自我的對象，它是無法建立一套具體實在的理論。西方思想同樣是一種排除自我的知識，無法建立一套「歷史事物的理論」。反過來說，「歷史現實世界」的理論不是透過知識來建立，而是我們必須身處其中，把握一種「從所作到能作」的世界和當中的所有連繫。

引文中的「追求事物的真實」一語是出自本居宣長的〈直毘靈〉。透過歷史的現實世界，西田試圖超越宣長的理解。這裡西田用「實證的」來表達具體的現實，並反覆以「徹底的實證主義」來表達自己的看法，直至晚年亦沒有改變。

朝向嶄新的創造

另外，西田對東方傳統思想的關注，可以說是由於一種試圖建構自我與事物，或關乎自我與世界整體關係的理論。如前所述，即使在東方的傳統思想中，我們並未看到事物的整體關係。可是，西田確信在東方思想中存有一些把握事物整體關係的重要線索。

在一九三三年發表於雜誌《改造》的〈知識的客觀性〉一文中，西田表示：「存在於東方文化基礎的世界觀和人生觀是有別於希臘和猶太傳統，它能夠呈現人性最深的一面。問題是，我們必須為此建立一套學問的基礎，從現代的角度，精煉含有貴重金屬的東方文化礦石。」西田晚年的思想就是希望透過精煉潛藏於東方文化基礎的世界觀和人生觀，從而把握歷史的現實世界。

西田對東方思想傳統的關注，不是為了打造一種對抗「西方」的論述。西田的意圖是希望超越東方傳統，在更廣闊的領域中釋放它。並且透過一種「活生生的精神」，探索嶄新創造的可能性。

西田的意圖一方面是讓傳統再生，另一方面則欲超越傳統。在「東方與西方」失去一種對峙的力量時，我們便可以看到西田思考的場所。

譯註

1 山內得立，〈『哲学研究』の初めの頃〉，《哲学研究》第五〇〇號（一九六六年九月），頁七四八。
2 《西田幾多郎全集》第六卷，頁三五二。
3 文部省是指教育部，現改名為文部科學省。
4 《西田幾多郎全集》第九卷，頁八七。
5 同前註，頁八八。
6 《西田幾多郎全集》第十三卷（東京：岩波書店，二〇〇五），頁一一二。
7 《西田幾多郎全集》第九卷，頁八八。

終章

西田哲學的定位與潛力

石川縣西田幾多郎紀念哲學館（安藤忠雄設計）內，「瞑想之空間」的天窗。

作為一種知識網絡的京都學派

如前所述，在日本哲學的歷史中，沒有一個好像西田的思想一樣，廣泛備受批評。另外，西田哲學亦發揮了一個指標作用，就是確立了其他（日本）思想家獨自開展其思想。從這一點來看，西田哲學在日本哲學史上意義重大。

受到西田最大影響的，無疑就是周邊的田邊元及一眾弟子。針對這一群學者，我們稱之為京都學派。這個稱呼最初出現於一九三二年雜誌《經濟往來》，戶坂潤所寫的〈京都學派的哲學〉一文。在這篇文章中，戶坂總括了西田哲學及其繼承者的田邊哲學。在充滿批判色彩的文脈中，戶坂把西田和田邊哲學稱為「京都學派的哲學」，而「京都學派」這個稱呼亦自始被廣泛使用。

甚麼是京都學派呢？它的思想特質為何？有哪些人是屬於這個學派呢？京都學派的稱呼並非是建基於一種共識，而是包含多重意義。竹田篤司的〈下村寅太郎——「精神史」的軌跡〉一文中表示（收錄於藤田正勝編《京都學派的哲學》）：「以西田、田邊兩者為軸心，直接受到其學問和人格影響的人，……他們互相密切連繫，繼而構成一個知識的網絡。」筆者認為，竹田的定義比較符合京都學派的本質。

互相影響與互相批評

京都學派的特質一言難盡。原因是他們沒有一套共同的理論。如竹田所言，京都學派是一個以西田和田邊為軸心的集團。他們透過密切互相影響，從而形成各自的思想。

在第二章，我們指出西田是一個旨於「自我思考」的人。周邊的人亦繼承了西田這種態度。田邊元、三木清、西谷啓治等人不單受到西田的影響，更加透過一種批判的閱讀，開展了獨自的思想。他們不單融攝西田的思想，更如字義上所言，實踐「自我思考」。針對這種共有的思考模式，我們可以稱它為一個知識的網絡。

透過一種網絡來表示京都學派的特質，原因不是在於一種西田或田邊與弟子之間的單向關係，而是針對一種雙向的交流。西田與田邊本身就是互相批評和互相影響的，而三木清和下村寅太郎亦為西田帶來不少刺激。雖然從這個的角度所進行的研究不多，但對京都學派哲學的研究而言卻非常重要。

還有一點值得留意，網絡不單是指那些積極繼承西田與田邊學說的人，更加包括那些批評兩者的人。不管是田邊、三木、西谷啓治還是三宅剛一，他們都是透過批評西田而產生一種原動力，從而建立自己的思想。換句話說，京都學派的其中一個特徵就是這種互相接受批評的態度。

知的火花

當思考甚麼是京都學派時，我們總會聯想到柏拉圖書信中提到的「知的火花」。在〈第七封信〉中，柏拉圖思考甚麼是哲學的知。他表示：「哲學就好像其他學問一樣，有一些不能以語言來表達的東西。反之，透過〔教師與學生〕的共同生活，這些問題被直接提出來。經過多番討論後，火花突如其來出現，並且好像在〔學生〕的靈魂中燃點出燈火。此後，燈火本身出現了一種自我培育的性質。」（三四一C–D，長坂公一譯，《プラトン全集》〔柏拉圖全集〕一四，東京：岩波書店，一九七五。）[1]

雖然柏拉圖好像是以秘密的方式理解哲學，但他嘗試表達的並非如此（參內山勝利《作為對話的思想》）。[2]這裡欲表明的，就是哲學知識的傳達方式並不等同於事物的融攝。透過「問題被直接提出，並且經過多番討論」，當「自我思考」的訓練變得足夠時，知識就會變成一種「火花」。哲學知識的傳達與事物交涉的決定性差異，就是前者以「自我思考」這種能力作為前提，而柏拉圖希望表達的正是這一點。

在西田與西田周邊的人之間，出現了同樣的狀況。受到西田的「自我思考」信條及其實踐影響的人，他們的主體性思考力燃點起來，繼而建構自己的思想。其結果就是產生了京都學派。在自主思考的火花上，西田的多名弟子從沒有放棄批評西田的思想。反之，在進行批評的同時，西田周邊的人開始建構自己的思想。這可以說是知識第一次出現火花，而燈火亦被燃點起來。

三木清與西田幾多郎

其中一個例子就是三木清。三木雖然是一名深受西田影響的弟子，但他卻不止於此，反之是經常試圖超越西田，從而建立一套新的哲學。三木在一九四五年九月於監獄中逝世，事師西田的唐木順三不久便出版了一本題為《三木清》（一九四七年）的評傳。唐木在書中提到三木是朋友當中，一名不時對西田進行「強烈批判」的人。這種熱情或許就是三木的思考原動力。

如果要列舉一本三木的重要著作，《構想力理論》一書便不可不提。在這本從一九三七年至一九四三年著述的作品中，三木一方面承認「西田哲學在無意識或有意識中不停牽引著我」，另方面卻同時對西田進行原則性的批判。

我們在上一章提到，西田希望對東方文化的基礎，「賦予一些哲學根據」。三木一方面把這句話放在心頭，另方面在一九三九年出版的《構想力的理論　第一》的〈序文〉中表示：「東方的理論即使站在行為直觀的立場，亦只不過是一個主觀的想像。當中所言的技術是一種心的技術，這種技術不能在現實中對事物產生影響，並且改變它和製造出一種新的形態。我們必須留意，這種思考的結果很容易會流於一種觀照。」[3]

「行為直觀的立場」明顯是指涉西田的哲學。三木批評西田所言的行為與製作，不是要對現實的存在產生影響，而是一種在「抽象意志」層面上的製作。在這個意義上，三木批評西田的哲學不能成為一套改變現實的理論。雖然三木的構想力理論同樣主張「形像的理論」，但就具體連繫現實的形態或現實的歷史。

三木對西田哲學的批評，無疑是受到西田哲學的刺激所致。在被控違反維持治安法兩個月前的一九四五年一月，三木在寫給友人坂田德男的信中表示：「我希望今年在可能的情況下繼續工作。首先，我希望從根本上重新理解西田哲學，從而創造一種超越西田哲學的基礎。……如果不與西田哲學進行根本的對峙，未來的日本就不可能出現嶄新的哲學。這是一個困難和重要的議題。」[4]對此，我們可以得知三木直至離世（三木固然沒有預期自己的死），西田的火花一直在他當中點燃。

世界哲學論壇

柏拉圖所言的「共同生活」，恐怕不單是指一個共有的時空，而是意指即使在超越的時空下，知的火花仍然可以出現。換句話說，即使以間接的方式來「商議」，知的火花仍然出現。近年西田哲學備受廣泛關注，或許可以理解為一種超越時空的火花。不單日本國內出版了大量的研究，海外亦有很多關於西田著作和論文的翻譯，並有專書。在翻譯方面，近年更出現了一些未曾有過的多國語言譯本。例如《善之研究》除了有中文和英文的新譯外，還有德文、西班牙文、法文和韓文的翻譯。研究書籍和論文方面亦有明顯增加。

最近出版的*Philosophers of Nothingness*[5]一書，作者海式格（James W. Heisig）試圖以「世界哲學」（world philosophy）來解讀西田和京都學派的思想。按照海式格的解釋，「世界哲學」是指西田和京都學派的哲學一方面與其他世界的代表性哲學並肩，另方面就是透過超越語言與傳統的框架，負起跟所有國家哲學者交流和議論的「哲學論壇」的責任。針對哲學的各種問題，在各個學派所討論和闡釋真理的「共同作業場所」裡，西田與京都學派的哲學作出了獨特貢獻或被期待的演出。

如果西田或京都學派的哲學在世界哲學論壇能作出獨特的貢獻，它是透過甚麼方式進行的呢？

「外在」的眼睛

如第八章所見，西田晚年有關日本文化的考察，就是思考「作為我們的歷史文化，它如何可能創造出新的世界文化呢？」西方文化作為東方文化的一面鏡，反之亦然。透過兩者所映照的，我們在當中找到「一層深邃和廣闊的基礎」。按照兩者所發出的「嶄新光芒」，新世界文化的出現變得可能。西田的意圖，就是透過各式各樣文化的相對化和各式各樣文化所映照的「嶄新光芒」，呈現一道在各式各樣文化框架中未曾看過的明亮。透過這道光芒，我們進行探索嶄新創造的可能性。

西田在困難的時代中，能夠給予一個上述的回應，就是因為他擁有一雙從「外面」而來的眼睛。處於東西方緊張的「夾縫」中，西田一方面擁有一雙批評排他性民族主義和帝國主義的眼睛，另方面是他成功導出一種「新世界文化的創造」。透過從「外」到「內」和從「內」到「外」的照射，西田展現了一種新氣象。

在闡釋真理世界的共同運作場所，西田或日本的哲學能夠作出甚麼貢獻呢？對此，西田一雙「外在」的眼睛具有重要的意義。

在確保「外在」而相對化「內在」之時，外在的光芒在暗默之中映照出一種前提。即是說，透過呈現各式各樣固有思考的框架，我們嘗試以嶄新方法來重新把握問題。在這一點上，我們或許可以看到西田或日本哲學應該肩負的任務。

語言和文化的前提

在第二章，我們指出西田旨於去除西方哲學中，一種以反省作為前提的「人工假定」，從而把握事物。當我們的知識作為一種認知活動時，知識的框架被製成一種形態。知識就是在這個框架中，發揮其作為知識的機能。可是，這個框架本身卻沒有進入知識之中。我們得知框架的存在，就是當我們透過不同的框架思考知識時，被知識的光芒所照射之際。

透過西田所言的「純粹經驗」，西方哲學的「人工假定」正好被光芒所照射。這個情況變得可能，原因在於西田是一位透過異於西方語言和文化作思考的人。

如果我們以第二章提到的「主觀—客觀」的框架為例，對諳於歐洲語言的人而言，這個框架是理所當然的。在《沉思錄》（一六四一年）出版的時候，笛卡兒雖然受到湯瑪斯．霍布斯（Thomas Hobbes）各式各樣的批評，但兩人卻認同「在沒有主體（基體）的情況下，任何動作都是不可想像的」。

當中的互相認同是密切連繫到他們兩者有關主語作為前提的看法。針對主語並非必要的日語而言，我們無法看到那種在歐洲各語言中，主體＝主語的優越性。主語的優越性和西田所言的「主觀—客觀」框架，兩者的碰撞絕非偶然。

針對上述的語言特質，我們可以連繫到西田在《日本文化的問題》中所言的日本文化特色。西田表示：「日本文化的特色，……就是一種否定自我本身的事物。日本文化難道不是存在於易物而見和易物而行之中嗎？透過倒空自我而見物，自我埋藏於事物之中。無心或自然法爾就是我們日本人強烈憧憬的一種境界。」[6]在日本的傳統文化中，無心或倒空自我是一個被視為理想的境界。這個理解更加對西田關於事物的思考產生深遠的影響。

這種語言和文化特質的前提是成立於西田一雙從「外面」而來的眼睛。透過這雙「眼睛」，西方哲學的「人工假定」被一道光芒所照射，「純粹經驗」和「場所」因而變成需要處理的議題。

知識領域的擴張

當我們思考西田哲學的現代意義和日本哲學對於「世界哲學論壇」應有的貢獻時，我們不得不從「外在」的觀點看。透過這種觀點，我們本身固有的思考框架或許會被動搖，從而產生嶄新和具有創造性的思考。

對此，我們可以聯想到「典範論爭」，即波普（Karl Popper，一九〇二—一九九四）提出的一個議題。在〈框架的神話〉（The Myth of the Framework）一文中，波普指出當我們透過不同框架思考或面對更加難以應付的問題時，我們的想法是「縱使遇到更大的不安，……我們卻可以通過不同的方式思考。即是說，知識的領域會進一步擴張。」[7]日本哲學可能作出的貢獻，難道不就是這種方式嗎？如要「從直接和最根本的立場觀看和思考事物」變得可能，我們就必須通過這種知識領域的擴張。

譯註

1 頁一四七—八。

2 內山勝利，《対話という思想——プラトンの方法叙説》（作為對話的思想——柏拉圖的方法敘說）（東京：岩波書店，二〇〇四）。

3 三木清，《三木清全集》第八卷，頁一一。

4 三木清，《三木清全集》第十九卷，頁四五三。

5 James W. Heisig, *Philosophers of Nothingness: An Essay on the Kyoto School.* Honolulu: University of

Hawai'i Press, 2001.

6 《西田幾多郎全集》第九卷，頁五六。

7 Karl R. Popper, *The Myth of the Framework: In Defence of Science and Rationality*. edited by M. A. Notturno. London and New York: Routledge, 1994, pp. 35-36.

參考書目

西田幾多郎著作

新版《西田幾多郎全集》全二十四卷。東京：岩波書店，二〇〇二—二〇〇九。
《善の研究》。東京：岩波文庫（改版），二〇一二。
《西田幾多郎哲学論集》。上田閑照編。東京：岩波文庫，一九八七—八九。
《西田幾多郎随筆集》。上田閑照編。東京：岩波文庫，一九九六。
《西田幾多郎歌集》。上田薫編。東京：岩波文庫，二〇〇九。

傳記

上田閑照。《西田幾多郎とは誰か》。東京：岩波現代文庫，二〇〇二。
上田久。《祖父西田幾多郎》。東京：南窓社，一九七八。
上田久。《続　祖父西田幾多郎》。東京：南窓社，一九八三。

小林敏明。《西田幾多郎の憂鬱》。東京：岩波現代文庫，二〇一一。
竹田篤司。《西田幾多郎》。東京：中公叢書，一九七九。
遊佐道子。《伝記 西田幾多郎》（《西田哲学選集》別巻一）。京都：燈影舎，一九九八。

入門書

上田閑照。《西田哲学への導き——経験と自覚》。東京：岩波同時代ライブラリー，一九九八。
大峯顯編。《西田哲学を学ぶ人のために》。京都：世界思想社，一九九六。
小坂国継。《西田幾多郎の思想》。東京：講談社学術文庫，二〇〇二。
中村雄二郎。《西田幾多郎》Ⅰ、Ⅱ。東京：岩波現代文庫，二〇〇一。

西田哲學整體研究

上田閑照編。《西田哲学——没後五十年紀念論文集》。東京：創文社，一九九四。
上田閑照編。《西田哲学へ問い》。東京：岩波書店，一九九〇。
大橋良介。《西田哲学の世界——あるいは哲学の転回》。東京：筑摩書房，一九九五。
下村寅太郎。《西田哲学と日本の思想》（《下村寅太郎著作集》第十二巻）。東京：みすず書房，一九九〇。
末木剛博。《西田幾多郎——その哲学体系》I—IV。東京：春秋社，一九八三—八八。
西谷啟治。《西田哲学と田辺哲学》（《西谷啟治著作集》第九卷）。東京：創文社，一九八七。
藤田正勝。《西田幾多郎の思索世界——純粋経験から世界認識へ》。東京：岩波書店，二〇一一。

從特定觀點切入的西田哲學研究

淺見洋。《西田幾多郎とキリスト教の対話》。東京：朝文社，二〇〇〇。
板橋勇仁。《西田哲学の論理と方法——徹底批評主義とは何か》。東京：法政大学出版局，二〇〇四。
小坂国継。《西田哲学の基層——宗教的自覚の論理》。東京：岩波現代文庫，二〇一一。
小林敏明。《西田哲学を開く——〈永遠の今〉をめぐって》。東京：岩波現代文庫，二〇一三。
杉本耕一。《西田哲学と歴史的世界——宗教の問いへ》。京都：京都大学学術出版会，二〇一三。
竹村牧男。《西田幾多郎と仏教——禅と真宗の根底を究める》。東京：大東出版社，二〇〇二。
新田義弘。《現代の問いとしての西田哲学》。東京：岩波書店，一九九八。
服部健二。《西田哲学と左派の人たち》。東京：こぶし書房，二〇〇〇。
花岡永子。《絶対無の哲学——西田哲学研究入門》。京都：世界思想社，二〇〇二。
檜垣立哉。《西田幾多郎の生命哲学》。東京：講談社学術文庫，二〇一一。
藤田正勝編。《西田哲学研究の歴史》（《西田哲学選集》別巻二）。京都：燈影舍，一九九八。
米山優。《モナドロジーの美学》。名古屋：名古屋大学出版会，一九九九。

京都學派哲學、日本哲學

竹田篤司。《物語「京都学派」——知識人たちの友情と葛藤》。東京：中公叢書，二〇〇一。
Heisig, James W., *Philosophers of Nothingness: An Essay on the Kyoto School*. Honolulu: University of Hawai'i Press, 2001.

J・W・ハイジック編。《日本哲学の国際性——海外における受容と展望》。京都：世界思想社，二〇〇六。
藤田正勝編。《京都学派の哲学》。京都：昭和堂，二〇〇一。
藤田正勝、B・デービス編。《世界のなかの日本の哲学》。京都：昭和堂，二〇〇五。

西田幾多郎年譜

西曆（日本曆法）	年齡	有關西田的事情	其他事情
一八七〇年（明治三）		五月十九日，作為父親西田得登與母親寅三的長男，生於加賀國河北郡森村	普法戰爭
一八八三年（明治十六）	13	石川縣師範學校入學	鹿鳴館開館／狄爾泰《精神科學序說》第一版出版
一八八四年（明治十七）	14	因病退學	制定華族法令／中法戰爭
一八八六年（明治十九）	16	石川縣專門學校附屬初中第二級插班	帝國大學法令公布

一八八七年（明治二十）	17	石川縣專門學校改作第四高等學校，西田被編入同校預備科第一級	井上円了的《哲學一夕話》、費德勒的《藝術活動的根源》出版
一八八八年（明治二十一）	18	第四高等學校中學預備科畢業，成為第四高等學校中學第一部的一年級生	雜誌《日本人》創刊
一八九〇年（明治二十三）	20	自第四高等學校退學	教育詔書發布，第一屆帝國議會
一八九一年（明治二十四）	21	以選科生的身分入讀帝國大學文科大學哲學科。從學於井上哲次郎、元良勇次郎、中島力造、布色（Ludwig Busse）及戈巴（Raphael von Koeber）學習	內村鑑三不敬事件、大津事件
一八九四年（明治二十七）	24	帝國大學文科大學哲學科畢業。移居金澤	中日戰爭爆發

一八九五年（明治二十八）	25	就任石川縣尋常中學七尾分校教師。與得田耕的長女壽美結婚	中日戰爭結束，三國干涉
一八九六年（明治二十九）	26	就任第四高等學校講師	柏格森《物質與記憶》出版
一八九七年（明治三十）	27	被辭退第四高等學校。轉職至山口高等學校	京都帝國大學創校
一八九九年（明治三十二）	29	在三月就任山口高等學校教授。七月轉職至第四高等學校教授，移居金澤	波爾戰爭爆發
一九〇八年（明治四十一）	38	於《哲學雜誌》發表〈純粹經驗與思維、意志及知的直觀〉	《阿拉拉傑》（『アララギ』）創刊，藤岡作太郎《國文學史講話》出版
一九〇九年（明治四十二）	39	就任學習院大學教授，並移居東京	伊藤博文被暗殺

一九一〇年（明治四十三）	40	京都帝國大學文科大學副教授（倫理學），並移居京都	日韓合併
一九一一年（明治四十四）	41	弘道館出版《善之研究》	中國辛亥革命
一九一三年（大正二）	43	就任京都帝國大學文科大學教授（宗教學）	大正政變、桂內閣總辭
一九一四年（大正三）	44	就任京都帝國大學文科大學教授（哲學）	第一次世界大戰爆發
一九一五年（大正四）	45	千章館出版《思索與體驗》	對華要求二十一條條約
一九一七年（大正六）	47	弘道館出版《在現代的理想主義的哲學》、岩波書店出版《自覺中的直觀與反省》（往後的所有著作皆由岩波書店出版）	俄羅斯二月革命、十月革命

一九二〇年（大正九）	50	《意識的問題》出版	國際聯盟開始運作
一九二三年（大正十二）	53	《藝術與道德》出版	關東大地震
一九二五年（大正十四）	55	妻子壽美逝世	治安維持法，普通選舉法公布
一九二七年（昭和二）	57	《從動作到見》出版	金融危機
一九二八年（昭和三）	58	從京都帝國大學退休，並首次在鎌倉度過冬天	第一次普選／三·一五事件／京大河上事件
一九三〇年（昭和五）	60	《一般者的自覺體系》出版	田邊元發表〈尋求西田老師的賜教〉一文／九鬼周造出版《「粹」的構造》
一九三一年（昭和六）	61	與山田琴再婚	九一八事變

一九三二年（昭和七）	62	《無的自覺限定》出版	五・一五事件／田邊元出版《黑格爾哲學與辯證法》
一九三三年（昭和八）	63	《哲學的根本問題》出版。在鎌倉極樂寺姥姥谷尋找房子，往後便在鎌倉度過夏季冬季	希特拉出任德國首相／京都大學瀧川事件／戶坂潤發表〈「無的理論」是理論嗎〉一文
一九三四年（昭和九）	64	《哲學的根本問題 續編》出版	和辻哲郎《作為人間學的倫理學》出版
一九三五年（昭和十）	65	《哲學論文集　第一》出版	天皇機關說事件／高山岩男的《西田哲學》出版
一九三七年（昭和十二）	67	《續思索與體驗》和《哲學論文集　第二》出版	盧溝橋事變、中日戰爭開始／高坂正顯的《歷史的世界》出版
一九三八年（昭和十三）	68	在京都帝國大學發表題為〈日本文化的問題〉的演講	國家總動員法公布

一九三九年（昭和十四）	69	《哲學論文集　第三》出版	第二次世界大戰開始／三木清的《構想力的理論　第一》及木村素衛《表現愛》出版
一九四〇年（昭和十五）	70	岩波新書《日本文化的問題》出版。被頒授文化勳章	德義日三國聯盟／三木清的《哲學入門》和鈴木大拙的《禪與日本文化》出版
一九四一年（昭和十六）	71	《哲學論文集　第四》出版	太平洋戰爭開始／下村寅太郎的《科學史的哲學》和西谷啓治的《世界觀及國家觀》出版
一九四四年（昭和十九）	74	《哲學論文集　第五》出版	務台理作的《場所的理論學》出版
一九四五年（昭和二十）	75	六月七日，在鎌倉極樂寺姥姥谷因尿毒症逝世	第二次世界大戰結束／戸坂潤及三木清在獄中逝世

後記

如本書的正文所言，西田的文章並不容易理解，而且不時令人感到難以應付。可是，透過反覆閱讀和思考文章之間的連繫，就如冰塊的融化一樣，我們會逐步瞭解當中的意思。西田的思想好像融冰一樣，在不知不覺中浸透。

可是，在浸透之前會出現不少反覆，這恐怕亦是眾多讀者的經驗。撰寫本書的原因，就是希望透過筆者本身的反思，給予讀者一些路標，讓他們不致半途而廢。

為求讀破西田的文章，我們會盡力反覆思考，細心行文。即使如此，我們仍會被西田的文章所牽制，使文字變得生硬。最初讀過本書初稿的岩波書店編輯部古川義子，站在讀者的立場，具體指出了不少難明之處。如果本書有一些敘述變得較為容易明白，那就是古川小姐的功勞。

筆者使用路標一詞，目的就是希望本書可以成為讀者本身，踏上理解西田哲學之途。西田強調，哲學是一種自我的思考。本書唯願可以讓讀者在旅途上，清楚看到所行之路。

本書引用了很多西田的文章，目的就是希望成為讀者自我思考的動力。西田的文章確實難明，但同時卻具有深邃的意涵。透過反覆閱讀，我們可以感受到西田活生生的脈動。筆者希望讀者可以透過本書，感受到這些的脈動，進而開拓自己的思考。

回過頭來，筆者本身開始接觸西田文章的原因有二。其一是留學德國學習黑格爾哲學時，指導教授德國波鴻魯爾大學奧圖．畢根立（Otto Pöggeler）老師，在課堂中不時提及西田哲學和田邊哲學，促使筆者對日本哲學的關注。

其二是回國後造訪上田閑照老師時，老師剛剛完成了一個以西谷啟治老師和老師本身為軸心的西田全集讀書會。得悉此事，筆者往後亦參與其中。

針對這兩個偶然，筆者開始閱讀西田的文章。人生或許會遇到許多不同的事，但筆者的西田哲學研究亦是始於一種偶然。筆者現在要對這個偶然表示感激。

二〇〇七年一月五日

藤田正勝

譯者跋

《西田幾多郎：生與哲學》的原著為藤田正勝的《西田幾多郎——生きることと哲学》（東京：岩波書店，二〇〇七），至今已出了第四版。一本以西田哲學為主的書籍，能在數年內再版三次，並非一件常事。這不單反映本書深受愛戴，更顯出西田哲學備受關注的程度。為何一本討論西田哲學的書會如此暢銷，而且屢被認為難以理解的西田哲學會受到廣泛的關注？第一個問題主要是針對本書的意義，第二個問題則是關乎西田哲學本身。選擇翻譯此書，原因亦在於以上兩者。

針對本書的意義，我們或許可以從三方面分析。第一、本書深入淺出地介紹西田本人及其主要哲學議題；第二、本書以生和哲學為軸心，全面又扼要地呈現了西田哲學的精髓；第三、本書的篇幅讓不諳西田及日本哲學的讀者，相對容易地綜覽、進而參與這場廣闊深遽的哲學運動。

首先，單從目錄和架構便可得知本書深入淺出的撰寫特色。全書共分十章，序章是本書主題的闡釋，第一章和終章則呈現西田的生涯、哲學，及其在哲學史上的定位與意義。其餘七章（第二至第七章）可說是本書的核心，作者針對各個重要議題，仔細剖析西田哲學，當中包括純粹經驗、藝術、場所、世界、歷史、行為、身體、宗教等。以大概二百頁的篇幅交代西田的生涯與重要思想，實在是一件艱深的工作。更重要的是，正如作者在後記所言：此書是希望「給予讀者一些路標，讓他們不致半途而廢」。既說是「路標」，本書一方面具有指引作用，讓讀者能找到方向，進入西田哲學的思辨世界，另一方面就是令讀者能持續思考西田哲學，在過程中「不致半途而廢」。以上兩點恰好切合本書深入淺出的寫作方式、目的與成效。如果只是「深入」，讀者可能會迷路，甚至「半途而廢」；若然只停留於「淺出」，則「路標」的指引作用可能不大。讀畢本書，讀者不但可以踏上西田哲學之旅的開端，更可以成為往後深度探索之始。

另外，本書以生和哲學兩個方向為軸心，縱橫交錯地展現了西田哲學的魅力。哲學是日本人西周在一八七〇年代對philosophy的創譯，自始推動了日本、漢字圈，以至東亞地區的哲學創作。他們一方面透過融攝所謂西方哲學，吸收當中的養份；另方面則根據各自的思想傳統，進行一場如新儒家所言的「返本開新」的哲學運動。哲學的再定義便是當中一項主要工作。正如本書的序章所示，西田經常探索甚麼是哲學，並且清楚表明，人生問題是哲學本身，而非哲學的一個問題。[1] 以人生問題再定義哲學，這不但突顯了西田視「悲哀」，而非「驚訝」為哲學動機的特質，更總括了西田哲學整體的旨趣。在一九一一年出版的處女作《善之研究》的序中，西田曾言：「（此書是以）人生問題為中心和終結。」[2]經過超過三十年的哲學創作，西田在最後一篇完成的論文〈場所的理論與宗教的世界觀〉（〈場所的論理と宗教的世界観〉）中表示：「宗教是心靈上的事實。哲學者不應在自己的（哲學）體系上捏造宗教。哲學者必須說明這個心靈上的事實。」[3]雖然人生和心靈並非相同的概念，但綜觀西田的哲學之旅，從開始至終結皆以人生或心靈為哲學之旨。因此，如要瞭解西田哲學，生與哲學是貫穿和支撐其哲學體系的骨幹。換句話說，從橫向的角度看，西田哲學包括經驗、藝術、場所、世界、歷史、行為、身體、宗教等議題，而生與哲學則是當中縱向的支柱。透過閱讀本書，讀者定能從縱橫兩方面掌握西田哲學的全貌。

最後，如前所述，本書以約二百頁的篇幅鳥瞰西田的龐大哲學體系，通過生與哲學

---

1 〈私の絶対無の自覚的限定というもの〉（所謂我之絕對無之自覺的限定），《西田幾多郎全集》第五卷（東京：岩波書店，二〇〇二），頁一三九。

2 《西田幾多郎全集》第一卷（東京：岩波書店，二〇〇三），頁六。

3 《西田幾多郎全集》第十卷（東京：岩波書店，二〇〇四），頁二九五。

兩個框架勾構其他主要哲學議題，不但顯出作者的功力，更讓不諳西田哲學的讀者能較容易接觸當中深邃的論述。特別是針對中文學界，如要讀破西田幾多郎總共二十四卷，超過一萬頁的日語原著，並且閱覽多不勝數關乎西田哲學的日語和其他外語的專書和論文等，實在不是一件容易的事。西田幾多郎作為日本哲學的重要代表人物，本書不但在行文和結構上清淅交代了其哲學體系，並且透過精簡的幅篇闡釋了當中的主要哲學議題，確實是萬中無一，求之若渴。

翻譯此書的另一個原因就是西田哲學的重要性。這是一個不容易處理的問題，因為它涉及西田哲學在哲學（史）上的重要性。由於篇幅所限，筆者只能簡單析述這個非常複雜的議題。

明治以降，西學大量輸入日本，哲學是其中之一。作為一位明治人，西田在面對外來思想衝擊的同時，東方思想亦是其思考的泉源。本書的作者在第八章「東西方的夾縫：嶄新的創造」亦曾指出，西田哲學的獨特性，一方面是來自西田對西方哲學的敏銳觸覺，另方面則是存在於西田本人當中的東方思想（頁一四二—一四三）。在東西方思想的夾縫，西田創造出一套異於兩者的哲學體系。由初期的純粹經驗、自覺、轉至中後期的場所、行為的直觀、絕對矛盾的自我同一等，西田哲學其中一個共通之處就是試圖突破西方哲學的主客二元思考方式。西田認為，西方哲學總是以主觀客，形成一種主客對峙的結構。始於純粹經驗，西田便強調要尋回事實的原樣，一種不為主客所致的狀態。正如本書第二章「純粹經驗：朝向根源」所示，在見色和聞聲的一剎那，當中的見聞和色聲，即能觀與所觀，或主客仍未區分，兩者合而為一。例如紅色的玫瑰花，其顏色如果是透過我們的意識所致，則不會是紅玫瑰的事實原樣。西田哲學欲追求的，就是不以個人意識為先，一個以主客為前題的經驗。反之，經驗是先於個人，直接指向事實原樣。西田及後提出場所論，同樣嘗試擺脫一種以主語為基礎，述語為對象的認識論。當中所言的超越述語面，就是旨於以述語融攝主語。西田認為，由於最大的述語是無限的，它能融攝所有主語和述語，或所謂特殊和一般。對此，主語不再為述語的軸心，述語亦不再受制於主語。換言之，場所就是那個融攝所有主語和述語的地方。它不是一個物理的空間，而是一個最大和超越的融攝基礎。

力圖突破主客二元論，這不單是西田對西方哲學的一種批評，更加是一種透過東方哲學而建立的思維。近年不少學者已經指出，除了禪佛教，儒家等東方哲學傳統亦是西田哲學創作的思想資源。可是，西田並非是以一種以東反西的進路來建立其哲學體系。正如本書的作者所言，西田哲學就是出現在東西方喪失其單純對峙的力量之際（頁一五七），是一種東西方哲學的交錯。

除了西田哲學在哲學（史）上的意義，最後一點促使我們必須留意現代日本哲學的重要人物——西田幾多郎哲學的原因，就是它近年在學界廣泛被受關注和重視。當中的內在因素固然是源自西田哲學本身的魅力，但另一方面是關乎西田和日本哲學研究的外因。

在一九九五年，京都大學創立了世界上第一個，至今仍然是唯一一個日本哲學的系所，名為「日本哲學史」。本書的作者便是第一代的主任教授，直至二〇一三年。以日本哲學作為一個學術領域，進行包括本科和研究所的教研工作，無疑讓其專業地位有所提升。經過兩個世紀的發展，日本哲學不單在日本國內，以至整個世界學術舞台亦大放異彩。在二〇一一年，一本超過一千三百頁的日本哲學資料集*Japanese Philosophy: A Sourcebook*[4]面世，當中收錄了古今日本哲學的英譯文獻和介紹性文章。在二〇一三年，全球首份具備審查制度，以日本哲學為主題的學術期刊，*The Journal of Japanese Philosophy*（State University of New York Press）創刊。另外，一套同樣具備審查制度的日本哲學叢書，*Tetsugaku Companions to Japanese Philosophy*（Springer）在二〇一五年亦落實出版。這些學術活動皆進一步推動了日本哲學的專業化和國際化。

針對西田哲學而言，《西田幾多郎全集》的新版，由二〇〇二年至二〇〇九年相繼推出[5]，從原本的十九卷增加至二十四卷。當中不但收錄了大量近年發現的西田著作，更附加了很多非常詳盡的註釋。另外，在二〇〇三年，西田哲學會於日本成立，為研究西田哲學的學者和大眾提供一個平台，報告和出版研究成果，促進學術交流。這些學術性的基礎建設，讓西田哲學研究有了實質性和長足的發展。

最後，請容讓譯者交代一下拙譯與原著不同的地方。第一方面是加插了不少西田幾多郎和其他哲學原文的出處、第二方面就是對一些哲學家或相關人和事附上譯註。考慮到中文學界對西田和相關原典的研究狀況，譯者作出了以上安排。

拙譯初稿早於多年前完成，但由於譯者的疏懶和種種波折，出版未果。至今能夠公諸於世，實在有賴不少賢人哲士的襄助。當中不可不提的固然是原作者藤田正勝教授。當年在原著出版後，譯者厚顏無恥，表示有意翻譯教授的大作。藤田教授不但樂觀其成，更為中文版寫了一篇序文。經過多年歲月，教授仍然允許拙譯面世，並且在過程中給予很多寶貴意見，謹申謝忱。另外，國立清華大學的楊儒賓教授、國立政治大學的林鎮國教授和林啟屏教授，對拙譯在出版上所提供的協助，實在感激不盡。聯經出版的

4 James W. Heisig, Thomas P. Kasulis and John C. Maraldo. eds. *Japanese Philosophy: A Sourcebook.* Honolulu: University of Hawai'i Press, 2011.

5 竹田篤司、Klaus Riesenhuber、小坂国継、藤田正勝編，新版《西田幾多郎全集》全二十四卷（東京：岩波書店，二〇〇二—二〇〇九）。

沙淑芬小姐和梅心怡主編，她們皆是讓拙譯能夠供讀者雅正的關鍵人物。梅主編細緻和專業的編輯工作，不單彌補了拙譯的不足之處，更使譯者在西田哲學研究上獲益良多。在此再次表示謝意。

中文學界在西田哲學，以至日本哲學的研究仍有很多需要努力的地方和發展的空間。拙譯如能抱磚引玉，甚幸不已。

林永強

二〇一六年五月

圖片來源

序　章　西田幾多郎。石川縣西田幾多郎紀念哲學館收藏、提供，作者藤田正勝協助取得照片圖檔及授權。

第一章　「無位の真人」（西田親筆）。作者藤田正勝提供。

第二章　《善之研究》初版。作者藤田正勝提供。

第三章　「心月孤円光呑万象」（西田親筆）。作者藤田正勝提供。

第四章　哲學之道。譯者林永強提供。

第五章　書齋「骨清窟」。作者藤田正勝提供。

第六章　長野縣安曇野市舊高家小學校石碑。作者藤田正勝提供。

第七章　「無」（西田親筆）。作者藤田正勝提供。

第八章　《日本文化之問題》原稿。京都大學文學研究科所藏，作者藤田正勝提供。

終　章　石川縣西田幾多郎紀念哲學館天窗。石川縣西田幾多郎紀念哲學館提供，作者藤田正勝協助取得照片圖檔及授權。

現代名著譯叢

西田幾多郎：生與哲學

2016年6月初版　　定價：新臺幣280元

著者　藤田正勝
譯者　林永強
總編輯　胡金倫
總經理　羅國俊
發行人　林載爵

出版者　聯經出版事業股份有限公司
地址　台北市基隆路一段180號4樓
編輯部地址　台北市基隆路一段180號4樓
叢書主編電話　(02)87876242轉211
台北聯經書房　台北市新生南路三段94號
電話　(02)23620308
台中分公司　台中市北區崇德路一段198號
暨門市電話　(04)22312023
台中電子信箱　e-mail：linking2@ms42.hinet.net
郵政劃撥帳戶第0100559-3號
郵撥電話　(02)23620308
印刷者　世和印製企業有限公司
總經銷　聯合發行股份有限公司
發行所　新北市新店區寶橋路235巷6弄6號2樓
電話　(02)29178022

叢書主編　梅心怡
校對　陳佩伶
封面設計　陳文德

行政院新聞局出版事業登記證局版臺業字第0130號

本書如有缺頁，破損，倒裝請寄回台北聯經書房更換。　ISBN 978-957-08-4724-6 (平裝)
聯經網址：www.linkingbooks.com.tw
電子信箱：linking@udngroup.com

NISHIDA KITARO: IKIRUKOTO TO TETSUGAKU
by Masakatsu Fujita

Originally published 2007 by Iwanami Shoten, Publishers, Tokyo.
This complex Chinese edition published 2016
by Linking Publishing Co, Taipei
by arrangement with the proprietor c/o Iwanami Shoten, Publishers, Tokyo.

國家圖書館出版品預行編目資料

西田幾多郎：生與哲學/藤田正勝著．
林永強譯．初版．臺北市．聯經．2016年6月
（民105年）．200面．14.8×21公分
（現代名著譯叢）
ISBN 978-957-08-4724-6（平裝）

1.西田幾多郎 2.學術思想 3.日本哲學

131.94 105006127